Heinz Harbach

Computer und menschliches Verhalten

Heinz Harbach

Computer und menschliches Verhalten

Informatik und die Zukunft der Soziologie

VS VERLAG

Bibliografische Information der Deutschen Nationalbibliothek
Die Deutsche Nationalbibliothek verzeichnet diese Publikation in der Deutschen Nationalbibliografie; detaillierte bibliografische Daten sind im Internet über <http://dnb.d-nb.de> abrufbar.

1. Auflage 2012

Lektorat: Dorothee Koch | Sabine Schöller

VS Verlag für Sozialwissenschaften ist eine Marke von Springer Fachmedien.
Springer Fachmedien ist Teil der Fachverlagsgruppe Springer Science+Business Media.
www.vs-verlag.de

Umschlaggestaltung: KünkelLopka Medienentwicklung, Heidelberg
Gedruckt auf säurefreiem und chlorfrei gebleichtem Papier
Printed in Germany

ISBN 978-3-531-18349-7

Inhalt

1. Virtualitäten und Realitäten

1.1 Begriffe und Metaphern

Der Diplom-Soziologe und SPSS-Fachmann Achim Bühl hat 1996 eine größere Arbeit vorgelegt, in der er aus der Sicht der Soziologie die technischen Grundlagen und sozialen Auswirkungen der modernen Informationstechnologie untersucht hat. Sein zentraler Begriff, oder besser seine zentrale Metapher, ist die 'CyberSociety'; eine Gesellschaft, die im Kern durch die Technologie der 'Virtual Reality' geprägt ist (sein wird). Diese virtuelle Realität (VR) definiert der Brockhaus (1997) als „eine mittels Computer simulierte Wirklichkeit oder künstliche Welt, in die Personen mithilfe technischer Geräte sowie umfangreicher Software versetzt und interaktiv eingebunden werden“. In modernen Lehrbüchern der Informatik wird häufig auch von 'virtueller Umgebung' oder 'virtual environment' gesprochen (vgl. Brill 2009, 6). Einige Informatiker empfinden die Begriffsbildung durchaus als widersprüchlich. Der daraus abgeleitete Begriff 'Cyberspace' transportiert die Hoffnung, „die ultimative Ratio der Mensch-Maschine-Kommunikation zu erreichen“ (ders., op. cit., 6). Der technische Kernprozess ist dabei die Manipulation und Visualisierung komplexer Daten, unterstützt durch akustische und taktile Sinnesreize. Dem Computernutzer wird dabei ein Gefühl des 'being there' (der 'Immersion') vermittelt, wobei die Interaktionen in 'Echtzeit' geschehen, aber an die Randbedingungen der menschlichen Physiologie gebunden bleiben. So muss z. B. bei einer Visualisierung eine Bildwiederholungsrate von mindestens 15-20 Hz erreicht werden, um eine 'realistische' Umgebung zu erreichen. Ziel der VR ist nicht die völlig realistische Darstellung, sondern die Akzeptanz der 'Realität' durch den Benutzer (vgl. ders., op. cit., 7). Die Begriffsbildung für die VR-Systeme orientieren sich hauptsächlich an der eingesetzten Technik für die grafische Ausgabe sowie der Position des Beobachters ('inside-out und outside-in'): „Eine outside-in-Anwendung stellt ein Fenster zur Verfügung, durch das wir in die virtuelle Welt sehen. Eine Anwendung ist inside-out, falls wir uns scheinbar in der virtuellen Welt befinden und in die reale Welt heraus sehen können. Die klassische VR-Anwendung verwendet ein HMD (Head-Mounted-Display, d. V.), das mit dem Computer verbunden ist.“ (ders., op. cit., 37). Bei einigen Benutzern führt dieses völlige Ausblenden der realen Welt zu „Unwohlsein“ (ebenda).

Die neuen Informationstechnologien haben eine Reihe von Metaphern produziert, die weit über den Bereich der Naturwissenschaften und Informatik hinausreichen und dadurch auch einige Bereiche der Sozial- und Verhaltenswissenschaften tangieren, wobei häufig bildliche Ausdrücke dominieren (z. B. ‘Datenautobahn’, ‘Telepolis’ etc.). Die neuen Metaphern kündigen eine begriffliche Erweiterung der sprachlich aufbewahrten Bedeutungsvielfalt an. So zeigt sich in der aufkommenden ‘Informationsgesellschaft’ eine stetige Zunahme der ‘virtuellen Räume’ und ‘virtuellen Welten’ (Cyberspace). Der soziale Wandel steuert demnach auf eine neue Gesellschaftsform zu, der ‘CyberSociety’. „Die Gesellschaft der Zukunft, das digitale Zeitalter, hat bereits begonnen.“ (Bühl, op. cit., 10). Der vernetzte PC spielt dabei eine Schlüsselrolle. Eine für diese Untersuchung zentrale Metapher ist die des ‘Cyberspace’ (des virtuellen Raumes), in die der Computernutzer ‘eintaucht’ und sich darin bewegt. Die Mensch-Maschine-Kommunikation hat damit eine neue Qualität erreicht. Der Anwender navigiert nun „in einem Raum hinter dem Bildschirm“ (ders., op. cit., 20). Er bewegt sich in einem neuen, vom Computer erzeugten Erlebnisraum in ‘Echtzeit’. Er kann ‘physische’ Erfahrungen machen (z. B. Rotation des eigenen Körpers), welche die reale Umgebung ihm vorenthält.

Ist ein neuer ‘Freiheitsbegriff’ im Entstehen? Das Paradoxon der Virtualität (etwas ‘existiert’ und ist doch nicht ‘wirklich’) kündigt eine notwendige Reflexion unseres traditionellen Realitätsverständnisses an. Traditionell bezieht sich die ‘Realität’ „auf das Moment der unmittelbaren Erfahrung und ist svw. reale Seinsweise, das Daseiende im Unterschied zur ‘bloßen’ Erscheinung, das tatsächlich Gegebene oder die schlichten Tatsachen“ (Meyers Kleines Lexikon Philosophie, Mannheim 1987, 345f.). Die ‘Realität’ bezieht sich auf eine unabhängig vom Subjekt vorhandene Außenwelt (vgl. Wörterbuch der philosophischen Begriffe, Hamburg 1998, 549f.). Der Begriff der ‘virtuellen Realität’ beschreibt einen Sinnesreiz, der durch Handlungen verändert werden kann bei gleichzeitiger Feststellung, dass die Wirkungen teilweise auf ‘Täuschung’ oder ‘Idealisierung’ beruhen (vgl. Bühl, op. cit., 21). Die Metapher (oder der gedankliche ‘Vor-Griff’) bezieht sich auf eine Doppelung der sozialen Verhältnisse in eine virtuelle und eine reale Realität, was sowohl für die hieraus sich ergebenden sozialen Konsequenzen als auch auf der Metaebene für die sozialwissenschaftliche Begriffs- und Theoriebildung von Bedeutung ist.

Von besonderem Interesse sind daher die sogenannten „Sozietäts-Metaphern“ (Bühl) wie „virtuelle Gemeinschaft“ (‘virtual community’) und „globales Dorf“ (‘global village’). Virtuelle Gemeinschaften sind nach Howard Reingold (1994) computervermittelte soziale Gruppen, die viele traditionelle ‘reale’

Merkmale aufweisen. Reingold träumte davon, dass das weltweite Computernetz den Nährboden (in Form von sozialen Experimenten) darstellen könnte, aus der sich positive neue Sozialformen der Menschheit entwickeln könnten. Eine 'klassenlose' Weltgesellschaft, in der das wachsende Bedürfnis nach Gemeinschaft und Solidarität – jenseits von biologischen und territorialen Bindungen – sich entwickeln könnte. Die durch die neuen Informationstechnologien entstehenden Macht- und Herrschaftsverhältnisse werden leider jedoch von ihm kaum thematisiert. In den neuen virtuellen Gemeinschaften entwickelt sich eine neue 'Kultur' mit neuen Werten, Normen und Symbolen. Trotz der 'Abwesenheit' der meisten Mitglieder entstehen persönliche Beziehungen (vgl. Reingold 1994, 16). In diesem durch die CMC (computer mediated communication)-Technologie entstehen 'imaginäre Räume' mit neuen Sozialformen auf der Basis von ungeplanten sozialen Experimenten. Kritiker sehen aber in diesem Prozess eher die Gefährdung des Bewusstseins sozialer Gemeinschaften (vgl. Bühl, op. cit., 24). Die Auflösung von räumlichen, ideologischen und sozio-ökonomischen Grenzen durch diese 'virtuellen Sozietäten' unterschätzt vor allem die gesellschaftlichen Automatismen der Macht- und Herrschaftsgenerierung: „Der Cyberspace ist kein global village, sondern ein von lautstarken weißen Männern bevölkerter Vorstadtclub der weltweiten amerikanisierten Mittelklasse." (Rilling 1995, 20).

Der oft geschmähte und meistens verspottete Gesellschaftsbegriff (vgl. Kap. 2) erlebte aber durch die neue Computertechnologie eine Wiedergeburt in Form der 'Informationsgesellschaft'. Der Begriff dient nun als Schlüssel für die Beschreibung und Analyse der modernen und postmodernen Wandlungsprozesse in den westlichen Industriegesellschaften. Längst zur Seite gelegte Typisierungen wie 'Stadien', 'Revolutionen' u. ä. erleben ihre Wiederbelegung, wobei meist nur auf die quantifizierbaren ökonomischen Variablen zugegriffen wird (z. B. Wertschöpfung durch die elektronische Industrie und die Medienwirtschaft, Anteil der Beschäftigten in dieser Industrie, Ausgaben der Haushalte für Informationstechnologien etc.). Diese Forschungsrichtung (eine 'information economy') ist zwar eine traditionell erfolgreiche, aber für die Soziologie natürlich nicht ausreichende Forschung. Der Soziologie Daniel Bell hat bereits 1973 seine Vision von einer 'postindustriellen Gesellschaft' veröffentlicht, wobei er diesen neuen Gesellschaftstyp nach fünf Dimensionen unterteilt:

„1. Wirtschaftlicher Sektor: der Übergang von einer güterproduzierenden zu einer Dienstleistungswirtschaft;
2. Berufsstruktur: der Vorrang einer Klasse professionalisierter und technisch qualifizierter Berufe;
3. Axiales Prinzip: die Zentralität theoretischen Wissens als Quelle von Innovationen und Ausgangspunkt der gesellschaftlich-politischen Programmatik;

4. Zukunftsorientierung: die Steuerung des technischen Fortschritts und die Bewertung der Technologie;
5. Entscheidungsbildung: die Schaffung einer neuen 'intellektuellen Technologie'."
(Bell 1973/1975, Übers. Bühl, op. cit., 28).

Der 'Idealtyp' einer post-industriellen Gesellschaft erlaubt es, den sozialen Wandel als 'multidimensionalen' Prozess zu verstehen. Dieser neue Gesellschaftstyp ist weniger von Rohstoffen (und Energie) abhängig als von Information, die laut Norbert Wiener zu einer eigenständigen Ressource wird. Wird die kommende Informationsgesellschaft vielleicht zu einer 'Gesellschaft des Geistes' (vgl. Kap. 2), in der das 'Wissen' der Status bestimmende Faktor wird (vgl. Kap. 2, Gotthard Günthers Vermutungen)? Auch Daniel Bell sah die Welt durch die neue Informationstechnologie zu einer 'großen Gemeinschaft' werden. Warum ist daraus nichts geworden?

Eine zweite theoriebildende Prognose innerhalb der Sozialwissenschaften ist die 'Wellentheorie' des Futurologen Alwin Toffler (1980). Er teilt die bisherige Gesellschaftsgeschichte in drei 'Wellen' ein: (1) Agrargesellschaft, (2) Industriegesellschaft, (3) Informationsgesellschaft. Die „dritte Welle" ist die Zeit der Minicomputer, der Quantenelektronik und der energiesparenden Technologien. Die räumliche Orientierung ist global und lokal zugleich ('glokal'). Die 'Zeit' wird zu einem relativen, polyzyklischen Begriff. Die traditionellen Lebensformen (wie die der 'Familie') werden 'entkernt'. Die Medien werden 'entmasst'. Die Individuen werden zu 'Medienprosumenten' (vgl. Bühl, op. cit., 33f.). Die Informationsgesellschaft war bei dem (jungen) Toffler eine „normative Zielprojektion im Sinne einer demokratischen Informatisierung der Gesellschaft" (ders., op. cit. 35). Später, als Berater von Ronald Reagan, wurde er allerdings zum rechtskonservativen Verfechter der „Reagonomics" (vgl. Bühl, op. cit., 17). Traditionelle (z. B. marxistische) als auch moderne 'Stadien-Theorien' betrachten die 'Technik' (hauptsächlich der Produktion) als eigentlichen Motor des sozialen Wandels. Die heutige Industriegesellschaft ist aber eine „informatisierte Industriegesellschaft" (Bühl) auf dem Weg zu einer 'virtuellen Gesellschaft' (CyberSociety). Hat damit eine neue Epoche der Menschheitsgeschichte begonnen?

Dies behaupten zumindest drei so unterschiedliche Sozial- und Computerforscher wie Achim Bühl, Manfred Faßler und Werner Rammert (vgl. Kap. 2, 3). Für Achim Bühl ist der Begriff der 'Informationsgesellschaft' durchaus noch nützlich, der sowohl 'Gefahren' als auch 'Chancen' thematisiert. Für Manfred Faßler ist sowohl der Gesellschaftsbegriff als auch seine Unterbegriffe ideologisch belastet und Forschung behindernd (ähnlich auch Niklas Luhmann in „Beobachtungen der Moderne") ungeeignet (vgl. Kap. 2). Nach Bühl besteht die 'Computerrevolution' der Informationsgesellschaft in der Dominanz der 'Maschinenkommunikation'. Der Kern des Prozesses aber „besteht in der Virtualisierung der Gesellschaft. Anstelle des Begriffs der Informationsgesellschaft verwenden wir aber im Folgenden die Metapher der virtuellen Gesellschaft oder der 'CyberSociety'" (ders., op. cit., 38). In der CyberSociety finden Produktion, Konsumption, Distribution und Kommunikation in virtuellen Räumen (dem Cyberspace) statt. Der Cyberspace kann jedoch die 'realen' Räume nie völlig ersetzen. Die polyzyklische Zeit ersetzt nun die Realzeit. Die Virtualisierung (vor allem des Raumes) erfordert aber die Erweiterung mikro- und makrosoziologischer Konzepte (vgl. Kap. 2). Der Cyberspace entkoppelt die Kommunikation in zeitlicher, räumlicher und sozialer Hinsicht (vgl. ders., op. cit., 38). Es kommt zu einer Globalisierung gemeinsamer Interessen, wie dies Daniel Bell u. a. vorausgesagt hatte.

Industriegesellschaft vs. CyberSociety (nach Bühl 1996, 39f.)

	Moderne (klassische Industriegesellschaft)	CyberSociety (virtuelle Gesellschaft)
Produktion/ Ökonomie	Massenproduktion, zentralisierte Produktionsstätten, Fabrik als Ort der Produktion, Betrieb als Ort gewerkschaftlicher Aktivitäten („Betriebsverfassungsgesetz"), fordistischer Produktionstypus	Auflösung des klassischen Betriebes, der regional zu verortenden Fabrik, postfordistischer Produktionstypus als virtueller Produktionstypus, Stichworte: virtuelle Firmen, virtuelle Büros, Telearbeit, Telearbeiter, virtuelle Gewerkschaftspolitik
Technologie	Dampfmaschinen, Verbrennungsmotoren, Atomenergie	Technologie der Virtual Reality wird in zahlreichen Anwendungsbereichen umfassend eingesetzt, Stichworte: Telematik, Telemedizin, Telelearning und -teaching, Telerobotik, Telepräsenz, Visualisierung und Simulation; Computertechnologie, Informations- und Kommunikationstechnologien, Multimedia, Netzwerktechnologien, Neurotechnologien (Neurobionik, Neuromedizin etc.), Gentechnik, Mikrotechnologien
Technologische Risiken	Radioaktiver Fallout („Tschernobyl"), Treibhauseffekt, Waldsterben, Ressourcenverknappung	Informations-Overkill, Elektrosmog, digitale Überreizung, Datenkriminalität, Cyberterrorismus, VR als Superdroge und Herrschaftspolitik

Raum	Real-Raum, geometrischer (Euklidischer) Raumbegriff, mechanistischer (Newtonscher) Raumbegriff, sozialer Raum weitgehend geografisch konstituiert, Trennung zwischen Arbeitsplatz und Wohnort (Entkoppelung von Raum und Zeit)	virtueller Raum, relationale Raumvorstellung, sozialer Raum emanzipiert sich von geografischen Voraussetzungen, ist nicht mehr durch geografische Aspekte bestimmt, sozialer Raum als Netzwerk von Kommunikation, Sozialität unter Abwesenheit von körperlicher Anwesenheit, Auflösung der industriegesellschaftlichen Trennung zwischen Arbeitsplatz und Wohnort (bei gleichzeitiger totaler Entkoppelung von Raum und Zeit: Arbeit im Internet) Stichworte: Cyberraum, Cyberspace
Kommunikation/ Sozialität	weitgehend bestimmt durch Face-to-Face-Kommunikation, Briefe, Telefon, Faxe, lokale, geografische Gemeinschaften	weitgehend bestimmt durch CMC (Computer Mediated Communication), Mediatisierung sozialer Kommunikation, Entkoppelung von Kommunikation in zeitlicher, räumlicher und sachlicher Hinsicht, Stichworte: virtuelle Gemeinschaften, virtuelle Beziehungen, Cybersex, Videokonferenzen, virtuelle Sozialität
Öffentlichkeit	zentralisierte, massenmedial geprägte Öffentlichkeit	Fragmentarisierung der Öffentlichkeit, Vielzahl unterschiedlicher Öffentlichkeiten, virtuelle Öffentlichkeiten, qualitativer „Strukturwandel der Öffentlichkeit“
Zeit	lineare Zeit, fordistischer Zeittakt, klare Trennung zwischen Arbeitszeit und Freizeit, funktionale Zeiten	virtuelle Zeit, Auflösung funktionaler Zeiten, Produktion über verschiedene Zeitzonen hinweg flexibilisierte Zeiten, Auflösung der industriegesellschaftlichen Trennung von Arbeitszeit und Freizeit Stichwort: Echtzeit
Weltbild/ Orientierung	industrieller Fortschrittsglaube, zentrale Rolle des Nationalstaates, der Nation	Weltgesellschaft, globale Zusammenhänge, Risikobewußtsein, Welt und Ort als Bezugspunkte individuellen Handelns, Globalität und Lokalität, potentielle Multikulturalität

Die Virtualisierung wird ferner zu einem ‘Strukturwandel der Öffentlichkeit’ führen, von dem Jürgen Habermas kaum geträumt haben dürfte. Die Technik der ‘virtual reality’ demonstriert die Richtigkeit von Marshall McLobans Diktum: „The medium is the message“, d. h. die Medien selbst werden „gesellschaftsstrukturierend“ (Bühl). Der Begriff ‘Cyberspace’ ist von ‘schlechter Herkunft’ (vor allem aus der Cyberpunk-Literatur). Er könnte jedoch die Forschung anleiten, die Konsequenzen einer Verdoppelung der Realität (in reale und virtuelle) zu bestimmen und eine Verbindung zum Social Problems Approach der Soziologie herzustellen. Welche neuen ‘sozialen Probleme’ gibt es in der virtuellen Gesellschaft (vgl. Harbach 2008). Ist der alte Gegensatz von ‘Gesellschaft’ vs. 'Gemeinschaft' in der CyberSociety noch fruchtbar? Wie ist das Verhältnis von 'Verhalten' und 'Handeln' in der virtuellen Gesellschaft zu bestimmen? Wie entstehen die neuen Normen in den virtuellen Sozietäten?

1.2 Neue Technologien und neue Realitäten

Nach Bühl wurden die neuen Informationstechnologien vor allem durch drei Entwicklungen befördert: durch (1) Multimedia-Anwendungen, (2) das Internet und (3) computertechnische Realisierung der 'Virtual Reality' (vgl. ders., op. cit., 47f.).

Multimedia bedeutet zunächst die Integration verschiedener Datenträgersysteme (Fotos, Videos, CD, DVD) sowie die Möglichkeit der Interaktion zwischen Gerät und Benutzer und dem Austausch zwischen verschiedenen Computern. Die multimedialen Systeme wurden 'kommunikationsfähig'. Das Rechnen in verschiedenen 'Räumen' konnte 'synchronisiert' werden. Dies war der Weg des Zusammenwachsens der verschiedenen Informationstechnologien. Am Ende war das Ziel erreicht: die allgemeine Digitalisierung aller Signale. Der multimediale PC war ein Wegbereiter der Integration der Computertechnik hin zur Vernetzung und weltweiten Interaktivität. Freie Software und eine 'demokratische' Basis trugen zur allgemeinen Akzeptanz des 'Internet' als 'hypermediales' Informationssystem bei. Das Netz schuf eine 'gemeinsame Wirklichkeit', die darauf wartete 'synthetisiert' zu werden, um mit Hilfe des Computers die 'reale' Wirklichkeit durch 'virtuelle' zu ergänzen oder gar zu ersetzen. Die computergesteuerten Entwicklungsumgebungen verfolgten das Ziel, im Zustand der 'Immersion' (des Eintauchens) die 'künstliche' Wirklichkeit als eine 'reale' auszugeben, und zwar in 'Echtzeit':

> „Virtual Reality heißt, daß die reale durch eine künstliche Welt aus dem Computer ersetzt wird und daß man in diese neue Realität eintauchen kann, als wäre sie echt. Im Gegensatz zur Animation passiert hier alles in Echtzeit, d. h. jede Reaktion wird sofort in den virtuellen Raum umgesetzt. Die Technik der Virtual Reality spricht dabei mehrere Sinne des Menschen zugleich an, wie beispielsweise den Sehsinn, den Tastsinn, den Gehörsinn und perspektivisch auch den Geruchssinn. Virtuelle Entwicklungsumgebungen als perspektivische Schnittstellen sind damit dem intuitiven Verständnis des Menschen wesentlich näher als etwa die bislang über Menüs, Windows und die Maus verfügbare 'Desktop'-Schnittstelle." (ders., op. cit., 53)

In den VR-Anwendungen wird die 'wirkliche' Welt zunächst nur 'erweitert' – und noch nicht völlig 'ersetzt'. Die VR-Technologie ist kein eigentlich neues Verfahren, sondern eher eine Konvergenz-Technologie verschiedener Sparten der Informatik (vor allem der KI-Forschung, vgl. ders., op. cit., 62ff.). Die VR-Anwendungen werden zukünftig zur eigentlichen Grundlage der CyberSociety (vormals 'Informationsgesellschaft' genannt). Das neue Verfahren bedeutet einen 'Paradigmawechsel' in der Informatik, eine qualitative Veränderung des Umgangs des Menschen mit dem Computer. Ferner eine Herausforderung für das wissenschaftliche Denken allgemein – einschließlich der makro- und mikrosoziologischen Theorien (vgl. ders., op. cit., 74). Die Science Fiction-Autoren (allen voran Stanislaw Lem) hatten schon lange diese 'künstlichen Realitäten' beschrieben. In seinem Standardwerk 'Summa technologiae' (Berlin 1980) führt er spekulativ zahlreiche Begriffe (und Methoden) ein, die später von der Informatik bearbeitet werden. Im Gegensatz zu heutigen Verfechtern der schönen neuen 'virtuellen Welten' (z. B. Manfred Faßler) übt sich Lem eher in einer humanistisch-pessimistischen Zurückhaltung gegenüber dem neuen technischen Fortschritt. Die Science Fiction-Literatur und auch die Science Fiction-Filme sind selten von positiven – meist jedoch von negativen – Utopien geprägt. Bemerkenswert ist die Zusammenstellung der Zukunftsaspekte der 'Cyberpunk-Bewegung' sowie der soziologischen Analyse durch Achim Bühl (1996, 95/96).

Mikro- Makroebene	Charakteristika
handelnde Subjekte	marginalisierte Schichten: Hacker, Drogensüchtige, Prostituierte, Hehler, Zuhälter, Leibwächter: postbiologische Schichten: Künstliche Intelligenzen
Gesellschaftsstruktur	dichotomische Struktur: marginalisierte Schichten <-> postbiologische Schichten; High-Tech-Gewinner <-> High-Tech-Verlierer; multinationale Konzerne und technische Intelligenz als High-Tech-Gewinner; KIs als sozialstrukturelle Schicht
Individualität, Subjektivität	Personen als Maskencharaktere, Entindividualisierung und Entsubjektivierung, Individualität und Physis zerstört durch Drogen, Einheitstypen durch „plastische Chirurgie", „bionische Wesen", zerstörte Körperlichkeit, Geist-Körper-Dichotomie statt Geist-Körper-Einheit
Mensch-Mensch-Verhältnis	Instrumentalisierung, Kurzfristigkeit, Beziehungslosigkeit, Kontakt- und Kommunikationsarmut, Isolation, Gewalttätigkeit
Mensch-Maschine-Verhältnis	Mensch ist der Maschine geistig untertan, Mensch wird zum Teil der Maschine, Maschine dehnt sich auf den Menschen aus, der menschliche Geist geht auf die Maschine über, die Maschine übernimmt die Macht, Maschine (KI) bestimmt die kulturelle Evolution, Mensch wird genetisch abgelöst durch KIs
Mensch-Natur-Verhältnis	Natur als Ausbeutungsobjekt multinationaler Konzerne, weitgehende Naturzerstörung, Substitution der Natur durch „künstliche Natur", computergenerierte „Naturen", globale ökologische Katastrophen

Geschlechter-Verhältnis	Sexismus, Prostitution, Technobordelle, Gewalttätigkeit, Unterwerfung, Instrumentalisierung, Beziehungslosigkeit, Frau als Objekt des Mannes
Macht und Herrschaft	Multinationale Konzerne, diktatorische Regime, künstliche Intelligenzen (KIs), Entdemokratisierung, Systemdominanz, Reproduktion von Herrschaft durch Informationstechnologien, grenzenlose Manipulation der Bedürfnisse, grenzenlose Manipulation der Information
Menschheit, Staaten und Nationen	Gewalttätigkeit, Zerstörung, Kriege, atomare Verseuchung, Information als globales Herrschaftsmittel, globale urbane Zentren, globale Armutszonen

(Quelle: Bühl, op. cit., 95f.)

Nicht nur französische Kulturkritiker würde diese Liste durchaus bedenkenswert finden. Science Fiction als 'social fiction' ist eine originelle frühe Art der 'Technikfolgenabschätzung', wie sie dann später auch von der Fachsoziologie betrieben wurde (vgl. z. B. Rammert 1992ff.). Während die bekannten Science Fiction-Autoren (Lem, Gibson, Sterling, Franke u. a.) ihre 'Gedankenexperimente' auch als Aufforderung zur politischen Gestaltung der technologischen 'Zukünfte' verstehen, sieht man bei gegenwärtigen Autoren wenig Optimismus für die Gestaltung der kommenden realen und virtuellen Wirklichkeiten. Auf folgende negative 'sideeffects' müssen wir uns gefasst machen: Realitätsverlust, Vereinsamung, Körperverlust, Suchteffekte, Abhängigkeiten von neuen Arbeitsverhältnissen, Computerkriminalität, Prothetisierung des Menschen etc. (vgl. ders., op. cit., 111).

Die VR-Anwendungen gelten als die Schlüsseltechnologien des 21. Jahrhunderts. In seinem Buch 'CyberSociety' (1996) zeigt uns Achim Bühl, wie man ganz Soziologe und trotzdem ein profunder Kenner der Computertechnologie sein kann. So unterwirft er selbst das Internet einer politökonomischen Analyse auf der Basis einer sanften Kapitalismuskritik (vgl. ders., op. cit., 161ff.).

Das 4. Kapitel ('Virtuelle Realität in der Praxis') enthält eine solide Beschreibung der VR-Technologie in verschiedenen Anwendungsbereichen: (1) Militär (Stw. 'Krieg der Echtzeit'), (2) Raumfahrt (Stw. 'Telerobotik'), (3) Architektur/Stadtplanung (Stw. 'Cybercity'), (4) Maschinenbau (Stw. 'VR-Maschine', 'global designing', 'Roboter'), (5) Medizin (Stw. 'künstliches Knie'), (6) Wissenschaft (Stw. 'CAAD', 'Computer aided Drug Design'), (7) Ausbildung/Lehre (Stw. Lernsysteme, z. B. 'Makaton-System'), (8) Wirtschaft/ Dienstleistung (Stw. 'Telearbeit'), (9) Freizeit/Unterhaltung (Stw. 'Spielautomaten', 'Computerspiele' etc.), (10) Film/Fernsehen (Stw. 'virtuelle Studios', 'virtuelle Schauspieler', 'interaktives Fernsehen'), (11) Cybersex (Stw. 'Dream Machine'), (12) Verkehr (Stw. 'Traffic Controler'), (13) Psychotherapie (Stw.

'Eliza' von Weizenbaum), (14) Verwaltung (Stw. 'Datev'), (15) Kultur (Stw. 'virtuelles Museum'), (16) Alltag (Stw. 'Online-Shopping') (vgl. ders., op. cit., 115ff.).

Die Koppelung von 'prävirtuellen' Techniken mit der VR-Technik macht diese zu einer universellen Technologie, von der 'Universalmaschine' (Turing) zu dem Computer, der sich alle Anwendungen offen hält.

1.3 Postmoderne Gesellschaft und virtuelle Realitäten

Der Begriff der Postmoderne hat über die Grenzen der Soziologie hinaus einige (manchmal unglückliche) Berühmtheit erlangt. Als 'postmodern' gelten laut verschiedenen Definitionen folgende gemeinsame Merkmale:

> „Verzicht auf geschichtsphilosophisch begründete Fortschrittsmodelle: Auflösung bzw. Dezentrierung des Subjekts als Erkenntnis-, Handlungs- und Erfahrungszentrum; Skepsis gegenüber (auch in Philosophie und Sozialwissenschaften) tradierten Wirklichkeitsbegriffen (Verweis auf die Bedeutung der Simulation J. Baudrillard); Zurückweisung von Allgemeinprinzipien und Universalbegriffen; Suche nach alternativen Denk- und Darstellungsformen (also auch des Schreibens von philosophischen oder wissenschaftlichen Texten). In einem weiteren Sinne als p. gelten manchmal auch die Pluralisierung der Lebensstile und ihre Expressivität, die Freude am Zitat und an der kulturellen Sinn überspringenden Mischung von Stilelementen (etwa in der Jugendkultur), allgemein die Mißachtung von überkommenen kulturellen Sinngrenzen und Denkformen. Die Soziologie hat sich der Herausforderung durch p.s. Denken als ganzer noch kaum gestellt, im einzelnen aber manche Anregung (etwa von M. Foucault) übernommen. W.F.H." (Lexikon zur Soziologie 1995, 507f.)

Der ursprünglich über die Kunst- und Literaturtheorie in die Philosophie und Soziologie eingedrungene Begriff wurde vor allem durch die 1968er Studentenbewegung populär (und inflationär). Das 'postmoderne Denken' betont die Pluralität und Inkommensurabilität der überkommenen 'Sprachspiele' (insbesondere die über 'Wahrheit' und 'Gerechtigkeit'. Das 'postmoderne Wissen' weiß um das Ende der 'großen Erzählungen' (über 'Vernunft' und 'Fortschritt') und der Mannigfaltigkeit der 'Wirklichkeiten'. Überall herrscht demnach eine 'Promiskuität zwischen Lebensweisen'. Die Hypertexttechnologie macht auch 'Werken' Zitatensammlungen. Der 'Verfasser' wird zu einem geschickten Mischer von 'Erzeugnissen'. Die 'Gesellschaft' wird zur sozialen Konstruktion isolierter Gruppen degradiert. Der Gesellschaftsbegriff selbst hat abgedankt (vgl. Kap. 2).

Nach Meinung von Achim Bühl ist es aber durchaus sinnvoll, den Gesellschaftsbegriff mit der Auszeichnung 'postmodern' beizubehalten, um die Epoche des 'Postindustrialismus' zu markieren. Die Postmoderne kündigte sich demnach bereits in der Kunst und Architektur der 1930er Jahre an. Aber die eigentliche Zäsur stellte erst die Entwicklung der virtuellen Realitäten dar:

> „Subjekttheoretische Aspekte der Postmoderne wie das fragmentierte Ich, das Leben als System von Variablen, die Auflösung des cartesianischen Ichs des 'cogito ergo sum' zugunsten eines pluralen Ichs sind als Phänomene einer sich forcierenden Virtualisierung zu deuten und lassen sich anhand der alltäglichen Praxis 'virtueller Gemeinschaften' des Internets nachweisen. Die Epochenzäsur der Moderne zur Postmoderne verkoppeln wir dergestalt weitgehend mit der Existenz computervermittelter Kommunikation und betrachten virtuelle Welten als reale postmoderne Phänomene in Kultur und Gesellschaft. Die CyberSociety erweist sich als radikalisierte Postmoderne, die Postmoderne als eine Epoche, die unter zunehmenden Druck der Virtualisierung gerät." (ders., op. cit., 187)

Gerade in dieser Epoche könnten der Soziologie neue Aufgaben zuwachsen, indem sie kritische Gesellschaftsanalyse betreibt! Allerdings setzt das voraus, dass sie ihre traditionellen Begriffe und Kategorien thematisiert und eventuell erweitert. Ein Einstieg in die Erweiterung könnte die 'Bildtheorie' einiger französischer Soziologen und Philosophen sein (z. B. die 3-Staaten-Theorie von Paul Virilio). Demnach ist das erste Stadium durch die 'formale Logik des Bildes' geprägt: die Orientierung der Maler und Architekten ist bestimmt durch die 'Realität'. Diesem 'Bildzeitalter' folgt das zweite Stadium der 'dialektischen Logik des Bildes' (die 'Aktualität' bestimmt die Bildkomposition). Das dritte Stadium nennt Virilio das Zeitalter einer 'paradoxen Logik des Bildes'. Es ist wesentlich durch Videographie, Holographie und Infographie bestimmt. Es ist das Stadium der 'Virtualität' (vgl. Paul Virilio 1989, vgl. Bühl, op. cit., 188). Die Aufwertung des 'Bildes' gegenüber den 'Texten' charakterisiert den Übergang von der 'Gutenberg-Galaxis' (dem Buchzeitalter) zur 'Turing-Galaxis' (dem Zeitalter der virtuellen Realitäten).

Während das 'alteuropäische' Denken statt von einem Mißtrauen gegenüber dem 'Bild' bestimmt war (Platon wusste allerdings noch nichts vom Privatfernsehen), scheint die moderne Informationstechnologie Descartes Diktum zu modifizieren: „video ergo sum" (vgl. Bühl, op. cit., 189; Kap. 2). Die Technologie der virtuellen Realität stellt die Erkenntnistheorie vor neue Aufgaben, da der Computer Einblick in die grenzenlose Manipulation der Bilder (und damit die naiven Realitätsvorstellungen) gestattet. Was ist nun ein 'wahres' Bild? Was ist in der neuen Realität nun 'wirklich'? Welche Rolle spielt eine 'Bildstörung' bei der 'Kommunikation der Kommunikation'? Dies könnten Themen künftiger 'Viskurse' (Knorr-Cetina) sein. Die technische Entwicklung steuert mithilfe von 'konstruierten' Bildern und Videos auf eine „totale Täuschung" (Bühl) zu (vgl. Coy, 1995, 67ff., in: Bühl 14, 211). Welche Konsequenzen hat dies für eine 'realistische' Epistemologie (vgl. Kap. 2)? Ist die 'Postmoderne' das Reich des Radikalen Konstruktivismus? Die Technologie der VR macht die Massenmedien zum 'elektronischen Verhörspiel'. Die Technophobie ersetzt die 'Menschlichkeit' (vgl. ders., op. cit., 191). Welche 'Menschlichkeit' könnte hier gemeint sein? Dies könnte vielleicht Manfred Faßler fragen (vgl. Kap. 2). Untergraben die konstruierten Bilder die Funktionen der sozialen Institutionen? Ist dies der eigentlich Angriff auf das Gesellschaftskonzept? Ist daher die traditionelle Gesellschaftstheorie auch nur ein 'alteuropäisches Science Fiction'? Ist der Ausspruch Thomas von Aquins: 'Kein Bild ist wahr' auch eine Aufforderung an die Theorien der 'sozialen Probleme', die 'visuelle' Soziologie endlich ernst zu nehmen? Orientiert sich nicht die soziologische Theorie auch oft an den 'künstlichen Horizonten' bei der Feststellung von 'sozialen Problemen' (vgl. Harbach 2008). Nicht nur für die Sozialwissenschaft, sondern auch für die Moralwissenschaft entstehen aus der VR-Technologie neue Aufgaben. Im Zeitalter des 'paradoxen Bildes' sollte das Vermögen zur 'Dechiffrierung' gestärkt werden: „Er muß somit als Betrachter diese paradoxe Negation selbst vollziehen können. Wesen, die über die Reflexion der Verneinung nicht verfügen, sind somit unfähig, ein anschaulich gegebenes Etwas als Bild zu betrachten." (Bühl, op. cit., 197)

Ein neues 'kritisches' Bewusstsein wird erforderlich, welches nach den 'Diskursen' die 'Viskurse' anleitet. Wie kann man nun das 'Reale' von 'Simulierten' unterscheiden? Aber vielleicht lag Platon doch nicht so falsch mit seiner Verdammung der bildlich-strukturierten Erkenntnis als 'barbarischer Morast': „Wenn die Bilderwelt zu konkret wird, verstellt sich der Blick auf das Mögliche." (Bühl, op. cit., 199). Dieses 'Mögliche' ist aber ein Herzstück vieler radikal-konstruktivistischer Entwürfe der Postmoderne! Durch die Infragestellung jeglicher sinnlicher Erfahrung durch die VR-Technologien scheint eine radikale erkenntnistheoretische Hinterfragung des 'Radikalen Konstruktivismus' unvermeidlich (vgl. Harbach 2004). 'Realisten' sind aber nicht automatisch 'Antimagisten', sondern sie fordern, auch die 'Simulation' als Thema der Methodologie der Sozialwissenschaften ernst zu nehmen. Für Achim Bühl bedeutet die Existenz von VR-Technologie, dass die Soziologie aufgerufen ist, „selbst demokratische Bilder zu produzieren" (ders., op. cit., 201). Was wird aus David Humes' „Gesetz über das Verhältnis von 'is' und 'ought'"? Für Manfred Faßler ist der Kollege Bühl wahrscheinlich nicht nur in dieser Hinsicht naiv (vgl. Kap. 2). 'Naivität' ist aber der unerträgliche Charme des Realisten. Eines scheint jedoch gewiss: die VR-Anwendungen produzieren nicht nur eine Begriff- und Kategorienerweiterung der Sozial- und Verhaltenswissenschaften, sondern auch ein neues, überraschendes Verständnis von 'Geisteswissenschaften'. Der alles bestimmende Informationsbegriff rehabilitiert den geschändeten 'alteuropäischen' Begriff des 'Geistes', wie Gotthard Günther bereits 1963 prognostiziert hat (vgl. Kap. 2). Ist aus der 'Geisteswissenschaft' Computerwissenschaft geworden?

In der sozialwissenschaftlichen Theorie wurde der Einfluss der VR auf das objektsprachliche Begriffs- und Kategoriensystem bisher wenig thematisiert (z. B. Interaktion, Gruppe, Organisation, Gesellschaft etc.), sondern eher auf die unterlegten allgemeinen Begriffe (wie 'Zeit', 'Raum') auf die traditionellen Konzepte angelegt (vgl. z. B. Alwin Tofflers 'Wellentheorie' 1980 und Anthony Giddens' 'Konsequenzen der Moderne' 1995). Der hohe Abstraktionsgrad der Begriffsbildung führte Alvin Toffler zu einem moralischen 'Paradigmawechsel' und bei Anthony Giddens zu Fehldeutungen des Verhältnisses von 'moderner' und 'postmoderner' Gesellschaft (vgl. Bühl, op. cit., 205).

Da die VR-Technologien größtenteils Zukunftsvisionen beschreiben und es wenig empirische Untersuchungen über 'tatsächliche' Sachverhalte in den verschiedenen Lebensbereichen gibt, stellt sich eine innere zeitliche Verbindung zur moralischen Beurteilung her.

Auch diese sind meistens 'zukünftig'. So 'ist' es eine Tatsache, dass der klassische Betrieb (und andere 'formale Organisationen') sich teilweise in Auflösung befinden (Telearbeit, multimediale Dienstleistungen, verteiltes Arbeiten, virtuelle Firmen, 'collaborative engineering', Ad-hoc-Unternehmen, Rationalisierung durch Workflow, neue Berufe wie 'Informationsbroker' etc., vgl. Bühl, op. cit., 215ff.).

Aber es besteht auch die Gefahr, dass die 'virtuelle Sichtweise' auch die Beschäftigten betrifft: „Die Arbeitskraft wird in zunehmendem Maße wie das Produkt eines Zulieferers betrachtet." (ders., op. cit., 222). Die Grenze zwischen 'internem' und 'externem' sowie 'selbständigem' und 'unselbständigem' Beschäftigungsstatus vermischt sich. Die neuen Selbständigen werden die 'virtuellen' Unternehmer sein, die in 'virtual corporations' arbeiten (vgl. Fischer1995, 120). Es wird in Zukunft viele 'Berater' und private 'Lehrer' für fast alle Lebensbereiche geben, die vom heimischen PC aus tätig werden. Der neue Berufstätige ist typischerweise ohne festen 'Job', aber immer auf der Suche nach neuen 'Projekten'. Besonders die Mitglieder der älteren Generation werden von den Anforderungen der 'Flexibilität' überrollt werden. Die 'Selbstausbeutung' wird zunehmen. Die Chancen für 'Selbstständigkeit' werden allgemein ansteigen. Die Zukunft für Angestellte im informationstechnischen Bereich wird interessanter. „Insbesondere jüngere Menschen könnten neue Lebens- und Arbeitsweisen nutzen, die, zumindest im Vergleich zur klassischen betrieblichen Hierarchie, eine selbstbestimmtere Gestaltung des Lebens gestatten." (ders., op. cit., 223). Eine neuartige Segmentierung und Hierarchisierung der Gesellschaft (in High-Tech-Gewinner und -Verlierer) scheint bevorzustehen. Die Beschäftigungsstruktur wird sich dahingehend ändern, dass Arbeit immer mehr von Teilzeitbeschäftigungen geleistet wird. Die aufgehende Schere zwischen qualitativer und unqualitativer Arbeit führt zur 'Marginalisierung' größerer Bevölkerungsteile (vgl. die Tabelle in Bühl, op. cit., 224). Neue Aufgaben für Gewerkschaften und Betriebsräte ('Netzräte') werden entstehen:

> „Unter Virtualisierung betrieblicher Unternehmen verstehen wir folglich einen Rationalisierungsprozeß, in dessen Verlauf betriebliche Aufgabenstellungen zunehmend von virtuellen Teams unter Hinzuziehung selbständiger Teleworker und Tele-Subunternehmer auf Kosten der Stammbelegschaft bewältigt werden. Der Prozeß betrieblicher Virtualisation führt in Gestalt der Telearbeiter zur tendenziellen Auflösung der klassischen industriegesellschaftlichen Trennung zwischen Arbeitszeit und Freizeit, zwischen Arbeitsplatz und Wohnort. An die Seite des realen betrieblichen Raumes tritt der virtuelle Raum. Insbesondere bei Dienstleistungsunternehmen wird der Cyberspace Großraumbüros des klassischen Industriezeitalters verdrängen. Die Virtualisierung von Produktionsabläufen durch den Einsatz von VR-Technologie gestattet den Unternehmen eine Produktion rund um die Uhr." (ders., op. cit., 224f.)

Da der 'Betrieb' in der 'modernen' Gesellschaft die wichtigste Organisationsform darstellt, muss seine Veränderung von entscheidendem Einfluss auf die Gesamtgesellschaft sein. Wenn aus der 'Industriegesellschaft' die 'Cyber Society' wird, stehen über kurz oder lang alle weiteren zentralen Institutionen unter Anpassungsdruck (z. B. auch die Gewerkschaften und betrieblichen Interessenvertretungen) – einschließlich der arbeits- und sozialrechtlichen Grundlagen. Welches 'Recht' soll nun im virtuellen Raum gelten?

> „Wo die physikalische Anwesenheit an einem Ort an Bedeutung verliert, verliert zwangsläufig auch der Nationalstaat an Bedeutung. Der Weg von der Gutenbergschen Galaxis zur Turing Galaxis, vom Buch zum Cyberspace, könnte zu einer global-vernetzten Weltordnung führen." (ders., op. cit., 226)

Die weitergehende Globalisierung durch die VR-Technologien wird 'soziale Standards' in den ehemals 'reichen' Ländern bedrohen. 'Schwellenländer' aber bekommen neue Chancen. Die 'Turing-Galaxis' erfordert eine neue internationale Rechtsordnung, die über den Arbeits- und Sozialbereich hinausgeht. Die 'Festung Europa' (Galtung) scheint bedroht. Die 'internationale Schichtung' (Harbach 1976) wird neu verhandelt. Die große Frage aber bleibt, welche 'Gesellschaftspolitik' (!) könnte den negativen Konsequenzen der CyberSociety gegenübergestellt werden? Emile Durkheim würde wahrscheinlich sofort sagen: „Selbstverständlich die Gewerkschaften!" Sie müssen allerdings auch eine 'Virtualisierung' ihrer politischen Maßnahmen einleiten (z. B. durch Gründung internationaler 'Netzräte' und Erzeugung neuer 'Mitgliedschaftsmentalitäten').

Neben dem 'Betrieb' und anderen 'formalen' Organisationen ist für die Soziologie ein anderer zentraler Gesellschaftsbereich in besonderem Maße hier von Interesse: die 'Öffentlichkeit' und ihr eventueller 'Strukturwandel'.

Der Lyriker und Teilzeitsoziologe Hans Magnus Enzensberger (und extremer Kritiker der Kritischen Theorie) hat bereits 1970 eine erstaunlich aufgeklärte Position zu den neuen Medien eingenommen. Neben den negativen ('repressiven') Konsequenzen sah er durchaus auch positive ('emanzipatorische') Wirkungen, die für die Zukunft zu erwarten seien (vgl. Enzensberger 1970, 159ff.). Seine Zusammenstellung spricht unserem Berichterstatter aus dem Herzen:

„Hans Magnus Enzensberger stellt dem repressiven den emanzipatorischen Mediengebrauch gegenüber:

repressiver Mediengebrauch	emanzipatorischer Mediengebrauch
zentral gesteuerte Programme	dezentralisierte Programme
ein Sender, viele Empfänger	jeder Empfänger ein potentieller Sender
Immobilisierung isolierter Individuen	Mobilisierung der Massen
passive Konsumentenhaltung	Interaktion der Teilnehmer
Entpolitisierungsprozesse	politischer Lernprozeß
Produktion durch Spezialisten	gemeinsame Produktion
Kontrolle durch Eigentümer, Bürokraten	gesellschaftliche Kontrolle durch Selbstorganisation

Wir möchten uns an dieser Stelle den Positionen Enzensbergers weitgehend anschließen. In der Abwägung von Gefahren und Chancen der CyberSociety liegt unseres Erachtens im Bereich der Strukturierung der Öffentlichkeit ein großes, noch unausgeschöpftes Chancenpotential globaler Netze. Für demokratische Kräfte gilt es, dieses Potential auszuloten, zu verorten, einzufordern, zu gestalten und im Sinne des Tofflerschen Prosumenten aktiv zu nutzen. Manipulationstheoreme, so wichtig Science Fiction Arbeiten auch sind, die auf Gefahren manipulativer Art hinweisen, können zu einer Verweigerungshaltung und einer Schwächung von Positionen eines aktiven Gestaltens führen. Eine aktive Mitgestaltung kann sich sehr wohl der Gefahren virtueller Welten bewusst sein und durchaus auch ein 'Nein' einschließen, z. B. ein 'Nein' zu neuronalen Direktschaltungen in allen Fällen, wo keine medizinischen Erfordernisse vorliegen." (Bühl, op. cit., 229f.)

Enzensberger hat seinen 'Lehrmeister' Bertold Brecht (dieser hatte bereits in den 30er Jahren Werbung im Radio betrieben) positiv gewendet und in Gegenüberstellung zu Herbert Marcuse und Theodor W. Adorno auf das Chancenpotential für einen weltweiten Demokratisierungsprozess durch die globalen Netze hingewiesen. Das Grundrecht auf Gemeineigentum an Produktionsmitteln wird demnach durch das Grundrecht auf Information mit der zentralen Forderung auf eine 'Informationsgrundversorgung' unabhängig von Klassen-, Rassen- und Schichtzugehörigkeit ersetzt. Von den meisten Beobachtern der VR-Technologie wird der neue 'Strukturwandel der Öffentlichkeit' durch das globale Netz als eine der 'positiven Zukünfte' angesehen. Hat die Cyberpunk-Bewegung doch nicht in allen Punkten Recht behalten?

Aber wie im Mikrobereich (z. B. bei der Beurteilung von Personen) sind auch im Makrobereich (z. B. in einer 'Ökobilanz der CyberSociety') meist negative Urteile 'wahrheitsfähiger' als positive! „Wir fällen ganze Wälder, um Werbematerial per Post zu verschicken." (Bill Gates, zit. n. Bühl, op. cit., 235) – „Der PC ist der größte Baumkiller seit Erfindung der Axt." (Steve Blanc, zit. n. Bühl, op. cit., ebenda).

Neben den Gefahren und Chancen der CyberSociety auf der betrieblich/organisatorischen und gesamtgesellschaftlichen Ebene stehen vor allem die Auswirkungen der VR-Technologie auf das Subjekt im Zentrum der sozial- und verhaltenswissenschaftlichen Analysen und Deutungen. Auf der Ebene des Individuums, des Subjekts (seines individuellen und sozialen Handelns) stehen meist (wie bei der Cyberpunk-Bewegung) die negativen Auswirkungen der VR-Technologie im Vordergrund. Demnach wird das Subjekt 'entfremdet', 'fragmentiert'. Es wird seiner 'realen Lebenserfahrung' beraubt. Es kann sich aus der Wirklichkeit 'zappen'. Es verliert die 'natürliche' Beziehung zu seinem 'Körper'. Dieser wird immer weniger 'bewegt', obwohl die 'Natur' (in der Phylogenese) stundenlanges Sitzen mit neuen 'Prothesen' (wie Datenhandschuhen und HMD, Head-Mounted-Display) nicht eingeplant hat. Das Individuum wird durch die schnelle wechselnde Technik verunsichert und beruflich und allgemeinsozial 'marginalisiert'. Herausgelöst aus seiner 'sozialen Einbettung' wird es zu einem passiven Mitglied einer immer unverständlicheren Umwelt. Nun die Prognose: „Der Zusammenbruch der zeitlichen Verkoppelung von Vergangenheit und Zukunft, welche letztendlich persönliche Identität konstituiere, führe zu einer Praktik des Ziellos-Heterogenen, des Fragmentarischen und vom Zufall Abhängigen." (Bühl, op. cit., 239) Die CyberSociety entwickelt sich zur höchsten Form des (Spät)-Kapitalismus. Ein Stadium, von dem die Erfinder in Manchester nicht einmal zu träumen wagten. Die Kulturkritiker sehen in Edvard Munchs 'Der Schrei' den Idealtyp des in der schönen neuen Welt der VR versklavten Subjekts. Die Befürworter der CyberSociety sehen dies als 'High-Tech-Paranoia' (Bühl) an und machen den entwaffnenden Vorschlag, den traditionellen Subjektbegriff einfach aufzugeben und von einem Wesen der Zukunft, dem 'Smartjekt' (Faßler) zu sprechen (vgl. Kap. 2), welches die erfundenen Probleme (eines überholten Denkens) 'definitiv' nicht mehr kennt. Für den 'harten' Kern des techo-euphorischen Flügels der KI/KL und VR-Forschung ist damit auch eine Revolution des wissenschaftlichen und philosophischen Denkens verbunden (z. B. bei Marvin Minsky, Hans Moravec – und Manfred Faßler). Nach Meinung des finnischen Mathematikers und Systemforschers Arvid Aulin ist beim plötzlichen Zusammenbruch von Hierarchien durch 'Revolution' das Entstehen neuer terroristischer Kleingruppen zu beobachten, welche die 'reine Lehre' auf ihre Fahnen geschrieben haben – trifft dies auch auf 'wissenschaftliche Revolutionen' zu (vgl. Aulin 1982, 181ff.)? Aber dem Individuum der Zukunft wird auch die Freiheit geschenkt, in der neuen

'Räumlichkeit' der VR die lokalen Bindungen seines Körpers an die unmittelbare Umgebung zu überschreiten und sich seiner 'weltweiten' Einbindung in ein globales Kommunikationsnetz (eine 'Weltgesellschaft') bewusst zu werden. Von hier aus beginnt dann eine neue 'kulturelle' Epoche der Menschheit.

Naht die mediale Erlösung?

2. Das Mediale und das Soziale

2.1 Das Projekt: 'Nach der Gesellschaft'

Der Diplom-Soziologe und Professor für Kulturanthropologie in Frankfurt/Main Manfred Faßler (*1949) ist zumindest als Mensch der Wissenschaft nicht derselbe geblieben (vgl. ders. 2009). Seine größeren Arbeiten der letzten Jahre reflektieren die (nach seiner Meinung) grundlegenden Veränderungen der „Organisationsweisen und Lebenszustände", welche die 'Menschheit' heute durch die neuen Informationstechnologien durchmacht (vgl. ders., op. cit. 13). Die für den Sozial- und Verhaltenswissenschaftler interessanten Arbeiten sind das o. g. letzte Werk von 2009 sowie die Publikation 'Der infogene Mensch. Entwurf einer Anthropologie' (2008), 'Erdachte Welten. Die mediale Evolution globaler Kulturen' (2005), 'Cyberspace, Gemeinschaften, virtuelle Kolonien. Öffentlichkeiten' (1994) sowie 'Alle möglichen Welten. Virtuelle Realitäten, Wahrnehmung, Ethik der Kommunikation' (1999).

Ich wähle die letzte Publikation von 2009 als Ausgangsplattform für meine Untersuchung. Stellt diese doch in gewisser Weise den Höhepunkt von Faßlers 'Projekt' dar, die scientific community darüber zu unterrichten, dass es an der Zeit sei, in der 'Informationsgesellschaft' die wissenschaftlichen, insbesondere die sozial- und verhaltenswissenschaftlichen, Kategorien und Begriffe neu zu durchdenken. Die durch die Computerisierung und Virtualisierung geschaffenen neuen 'infogenen Welten' signalisieren demnach „alternative Zukünfte" von geradezu revolutionärem Charakter. Die Frage ist also zu untersuchen, ob diesmal der Menschheit eine 'Revolution' geglückt ist, wo doch nach Meinung ernstzunehmender Beobachter die meisten Revolutionen – auch die wissenschaftlichen – als gescheitert angesehen werden müssen. Die radikalen Veränderungen der öffentlichen und privaten Verhältnisse erreichen nach Faßler doch erst gegenwärtig ihre wirklich kritische 'Passage': „Aber erst die globalen Verbreitungen digitaler Netzwerke schwächen zusehends eine alte, heroische Imagination und Organisation: die Gesellschaft." (ders. 2009, 13). Manfred Faßler will den traditionellen (Makro-) Begriff der Gesellschaft als für die Zukunft untauglich verabschieden. Das ganze Buch wird von einem Geist der Vergangenheitsbewältigung (im Hinblick auf den eigenen wissenschaftlichen Sozialisationsprozess) durchwebt. Offenbar wurde unser Autor von dem Soziologieverständnis der FU Berlin der 70er Jahre des letzten Jahrhunderts nachhaltig geprägt. Ferner zeigt der selektive Gebrauch des Gesellschaftsbegriffs, dass der Autor den Geist der 'Frankfurter Schule' fürchtet, der bekanntlich über den Wassern des Mains schwebt und in Zukunft seine Lage verändern könnte. Die methodologischen Debatten zwischen 'methodologischen Individualisten' und 'methodologischen Kollektivisiten' in der Soziologie, welche die kritische Reflexion der soziologischen Makrobegriffe wesentlich zum Inhalt hatte, scheint Faßler aber bewusst zu ignorieren.

Er musste es tun, denn sein eigener Ansatz konnte auf ein Makrokonzept: 'Kultur' scheinbar nicht verzichten. Von den problematischen tiefer liegenden Konzepten, welchen die wichtigsten Makrobegriffe zugrunde liegen (z. B. der 'Emergenz'), soll später noch die Rede sein. Faßler scheint die klassischen Gesellschaftsbegriffe mehr im Sinne der 'Gesellschaftslehre' als im Sinne einer 'regulativen Idee' für die Sozialforschung zu verstehen.

Am Gesellschaftsbegriff selbst ist zunächst einmal nichts auszusetzen, wenn man sich klar macht, dass begriffliche Organisationsschemata den Gang jeder wissenschaftlichen Untersuchung begleiten. Die Gefahr der Reifizierung ist dabei immer gegeben, wie schon Max Weber uns gelehrt hatte. Aber auch selbst er konnte auf die 'Diagnosefähigkeit' des Gesellschaftsbegriffs nicht verzichten (vgl. Haller 2003, 592f.). Auch einige Pioniere und Vordenker der neuen 'industriellen Revolution' durch den Computer (wie Gotthard Günther oder Marvin Minsky) hatten hier wenig Berührungsängste. Die Fundamentalkritiker der neuen schönen Computerwelt (z. B. Baudrillard, Virilio, Weizenbaum) hatten diese sowieso – quasi von 'Amts wegen' – nicht! Erst Niklas Luhmann scheint mit seiner allgemeinen Systemtheorie eine begehbare Brücke zwischen den verschiedenen Definitionen gebaut zu haben: die 'Gesellschaft' besteht aus Kommunikation der Kommunikation, d. h. der informationellen Koppelung von Systemen. Kommunikation ist die einzige „genuin soziale Operation" (vgl. Lexikon zur Soziologie, 235ff., 347ff.). Tatsächlich wird in vielen sozialwissenschaftlichen und kulturanthropologischen Abhandlungen der Gesellschaftsbegriff als 'Kontingenzformel' benutzt, die 'irgendwie/irgendwelche' 'sozialen' Bezüge beschreibt oder vermittelt, welche dann 'Assoziationen' stimulieren können. Die entsprechenden Korrelationsmaße bleiben dabei meist im Dunkeln. Wie der neue Begriff 'Glokalisierung' suggeriert, ist der Gesellschaftsbegriff (und seine Unterbegriffe) aber noch nicht überwunden. Ist vielleicht der Globalisierungsprozess auf dem Rückzug? Das „Großraumversprechen Gesellschaft" (Faßler) scheint noch intakt, wie u. a. die Problematisierung der Systeme der sozialen Sicherung und die weltweiten territorialen und ethnischen Konflikte deutlich machen. Die 'Globalisierung' hat immer noch den Reiz der (social) science fiction. Denn 'Nach der Gesellschaft' gibt es 'nichts' mehr, denn auch die wissenschaftlichen Kategorien und Begriffe sind 'soziale Konstruktionen' der Gesellschaft, wie die Luhmannsche Systemtheorie lehrt. Zumindest sind sie es für den, der daran glaubt, dass die epistemologische Position des 'Radikalen Konstruktivismus' kein selbstvernichtendes Paradigma darstellt (vgl. Harbach 2004).

Für Faßler ist nicht die digitale Globalisierung selbst der entscheidende Vorgang, sondern die mediale Koppelung von zunächst anonymen Menschen, Gruppen – und Computern in den weltweiten Computer-Netzen (insbesondere in Form des heutigen Internet 2.0): „Die menschlichen, apparativen, programmtechnischen und Netzwerkakteure verlassen die Gesellschaftsnische." (ders., op. cit., 14) Wohin sind sie gegangen? Sind sie 'eben mal weg', ohne 'gegangen' zu sein (vgl. Gogol/Kerkeling o.J.)? Die Soziologie weiß allerdings heute noch zu wenig über die neu entstandenen anonymen 'Zufallsgruppen'. Herrschen auch hier Homans' Interaktionsgesetze? Aber auch über den einsamen, sesshaften 'user' wissen wir wenig 'Objektives'. Bei unserem Autor scheint hier die 'Introspektion' vorzuherrschen. Interessant wäre z. B. eine Untersuchung darüber, wie die Mitglieder der neuen 'Piratenpartei' ihren Laptop normalerweise 'bedienen'. Die zunehmende Verbreitung von Computerviren (wobei sich hier „Schadenfreude der Maschine offenbart", Baudrillard 1989, 131) weist darauf hin, dass der 'user' von einer „tiefen Melancholie" (ders., ebenda) infiziert ist, die nicht vom physischen Bewegungsmangel, dieser modernen Formeiner körperlichen Behinderung' (Virilio) verursacht ist, sondern durch die ('extroszendente') Sehnsucht, wie dieser 'mechanical brain' (Gotthard Günther) zu sein. Dieser unterbewusste Wunsch, einen solchen 'Phasenübergang' zu schaffen, ist wahrscheinlich der Kern der Faszination der vom Computer ausgeht (ich erinnere mich an meine langen Nächte mit meinem ersten Computer im Jahre 1985). In einer Art Neu-Animismus glaubt man daran, dass die Maschine eine Art 'Bewusstsein' hat, das man durch nächtelange Sitzungen ergründen kann. Wahrscheinlich enthält der heute als 'Immersion' bezeichnete Zustand noch diese 'alten' Elemente. Die Bewusstseinserweiterung in Richtung zur 'zweiten' Maschine geschieht heute beim konservativen user nicht mehr mit Hilfe psychedelischer Drogen (wie einst bei den 'Konsolencowboys'), sondern meist mit trockenem Rotwein!

Nach Faßler wäre für die Soziologie schon etwas gewonnen, wenn man die uralten Reservate des menschlichen Soziallebens daraufhin beobachtet, wie sie sich durch die neuen Informationstechnologien neu entwickeln. Von hier aus gilt es dann weiterzudenken: „Netzwerke sind nicht nur eine 'uralte Form menschlicher Praxis'; sie sind selbst eingewoben in die ko-evolutionären Entstehungs- und Erhaltungsverläufe des Lebens. Dessen Betreiber sind Stoffströme, Energie- und Informationsströme." (ders., op. cit., 14). Die bisherige (vor allem die sozialwissenschaftliche) Netzwerkforschung hat die untrennbaren Zusammenhänge von 'biotischen' und 'abiotischen' Netzwerken der Informationsflüsse zu wenig beachtet. Dieser Zusammenhang zwischen biologischen und nicht-biologischen Organisationen der Informationsströme im Laufe der sozialen Evolution scheint eine Grundfrage von Faßlers neuer ko-evolutionärer Anthropologie zu sein. Der 'cybernetic turn' ist durch die Globalisierung von digitalen Netzwerken (vor allem des www) zum 'infogenic turn' geworden (vgl. ders., op. cit., 15). Die Untersuchung, wie aus einem 'Werkzeug' eine 'Maschine' wurde und wie diese auf die menschlichen Verhältnisse und auf das menschliche Denken einwirkte, ist noch ganz im Sinne der klassischen Kultur- und Sozialanthropologie gedacht. Das 'Werkzeug' selbst aber ist eine zwiespältige, instabile Existenzform. Es ist halb 'Natur' und halb 'Geist' (fuzzy-logisch gesprochen). Es hat die Tendenz, sich von beiden Seiten zu lösen, um ein 'selbständiges Drittes' zu werden. Dieser Gedanke Gotthard Günthers ist m. E. das Leitmotiv von Manfred Faßlers neuem Paradigma (vgl. Günther, op. cit. 181ff.).

Die neue Informationstechnologie stellt die traditionellen sozialen Institutionsmodelle infrage (vor allem das des staatliche Rechts). Der heute noch weit verbreitete ('irrationale') Widerstand gegen die Computer könnte in einem 'alten' Programm des Gehirns, dem 'Territorialverhalten', begründet sein (vgl. Weibel 1989, 81ff.). Durch die Veränderung der Zeit- und Raumkategorien verliert das Modell 'Gesellschaft' seine Tauglichkeit. An dessen Stelle treten nun und in allen 'Zukünften' (Lem) „komplexe ökonomische, projektgebundene, künstlerische, kollaborative Informationsrealitäten, die für ihre selektiven Vernetzungen, ihre koordinierenden Verabredungen und ihre Innovationsfähigkeit des Legalitäts- und Legitimationsraumes Gesellschaft nicht mehr bedürfen" (ders., op. cit., 16).

Aber es wird weiter „große Zusammenhänge" geben. Welche könnten das sein?

Denn die neue 'Apparatetechnik' hat ihre eigene Entwicklungsgesetzlichkeit, jenseits der überkommenen kulturkritischen und moralischen Standpunkte. Die neu entstehende 'Anthropologie des Medialen' ignoriert bewusst ein Großkonzept der sozialen Beobachtung: die 'Gerechtigkeit'. Nach der 'Gesellschaft' kommt jedoch nicht eine Periode des 'Postsozialen' (vgl. Knorr-Cetina 2002), sondern es entstehen neue „Infrastrukturen der Objekt-Mensch-Beziehungen" (ders., op. cit., 17). Der Abschied von der 'Gesellschaft' ist mehr als eine Geste im Sinne einer 'postmodernen Moderne' oder eines 'Transhumanismus'. Es geht vielmehr um die „Modulationen von Nähe, Ferne, Präsenz, Körperlichkeit, Dauer, Geschwindigkeiten, Verabredungen, Regelungen" (ders., op. cit., 17). Es kündigt sich eine allgemeine Fragwürdigkeit der traditionellen sozial- und verhaltenswissenschaftlichen Kategorien an (wie 'Interaktion', 'Handlung', 'Norm', 'Organisation' – 'Gesellschaft'). 'Kleine Erzählungen' über die Auswirkung der Koevolution neuer Medien werden die 'großen Erzählungen' über die 'Zeit der Gesellschaft' verdrängen. Die 'Gesellschaft' ist zu einer „Restgröße globaler Regulierungen" geworden.

Die sogenannte 'Finanzkrise' der letzten Jahre zeigte aber, dass diese Restgröße (der 'Weltgesellschaft') erhebliche Vernichtungspotenziale in sich birgt, die letztlich in einer konstruktivistischen Wirtschaftstheorie begründet sind, welche die 'virtuellen' und die 'realen' Bereiche des Ökonomischen zu weit auseinander gerechnet hatte. Der aktuelle Stand der Diskussion scheint jedoch die Ursachen dieses Zusammenbruchs des weltweiten kapitalistischen Systems eher in einem 'Gier-Neuron' (vielleicht als Gegenspieler des 'Spiegelneurons') zu sehen (vgl. die entsprechende Dokumentation im 'Spiegel', in der die Hilflosigkeit von fünf Nobelpreisträgern der Ökonomie hinsichtlich der Ursachenbeschreibung der Finanzkrise demonstriert wurde).

2.2 Das neue Paradigma

Manfred Faßlers neues Paradigma zielt auf „eine koevolutionäre Erforschung, die jede funktionale, strukturelle, semantische, architektonische, mediale Erfindung von Menschen auf ihre organisatorischen Einträge hin untersucht" (ders., op. cit., 19). Da die Unterschiede zwischen den einzelnen Formen dieser 'Erfindungen' nicht trennscharf zu definieren sind, und der Grundbegriff der 'Koevolution' selbst zu unbestimmt bleibt, ist es schwer, die Bedingungen zu formulieren, unter denen sich diese 'Erfindungen' organisieren (vgl. Riedel 2000, 269). Die sozialen Verhältnisse muss man sich (nach Faßler) heute als 'Netzwerkszenarien' denken, die durch 'infogene Felder' gebildet werden, welche heterogene Informationserwartungen zusammenbringen: „Es zeichnet sich ab, dass Regelsysteme der medialen Binnenordnungen entstehen, in denen das klassische Sinnversprechen 'Gesellschaft' zwischen sinnexternen digitalen Ressourcen zerrieben wird, – und zeitlich völlig anders aufgebaute Sinnoptionen entstehen." (ders., op. cit., 20) Niklas Luhmann könnte wahrscheinlich mit dem Begriff der „externen digitalen Ressourcen" wenig anfangen! Ebenso wie 'Gesellschaft' ist auch 'Kultur' „ein (partnerloser) Ordnungsvertrag", den man allerdings in einen „anthropologischen, also universalen Zusammenhang" stellen muss: „Kultur beschreibt dann die Mikrodiversität globaler Koevolution." (ders., op. cit., 21)

Faßler rennt mit seiner Kritik am Gesellschaftsbegriff viele offene Türen ein. Die Problematik des Kulturbegriffs spielt er jedoch herunter. Ist 'Kultur' vielleicht auch für ihn 'objektiver Geist' im Sinne Hegels? Sind es nicht eher die Teiltautologien, die sich dem Verdacht aussetzen, 'fadenscheiniges Gerede' zu sein? Dies könnte z. B. der Alt-Hegelianer und Vordenker einer 'Metaphysik der Kybernetik', Gotthard Günther, kritisch anmerken. Auch eine 'mehrwertige Logik' ist aber kein Freibrief für unklare Definitionen. Wie aber kann man die globalen Experimentierfelder, die 'zufällig', 'kurzzeitig' 'projektgebunden', die 'nach' der Gesellschaft entstehen werden, der verlässlichen Beobachtung zuführen?

Besser wahrscheinlich ohne 'Systemhopping', sondern viel eher, wenn man die Gedanken ruhig fließen lässt und die 'alteuropäische' zweiwertige Logik – aus Gründen der Medienkompetenz – zuerst noch einmal bemüht. Welche sind nun die Bedingungen, unter denen die neuen „verstreut-aktiven, kybernetischen Lokalismen" entstehen und die das Konzept der 'Weltgesellschaft' ersetzen könnten?

Eine neue interessante Forschungsfrage sei erlaubt: Woher weiß der Medienanthropologe, dass er es mit „sinn- und bedeutungsfreien Räumen" zu tun hat? Wann sind die entsprechenden Abstraktionen 'glaubwürdig'? Wie werden sie zur Operationalisierung der Selbstorganisation neuer Populationen eingesetzt? Hat die 'Erfindungsfreude für Abstraktes' vielleicht sogar eine genetische Basis? Wahrscheinlich gibt es nicht nur Gier- und Spiegelneuronen, sondern auch Abstraktionsneuronen? Nach Faßler haben die digitalen Netzwerke das traditionelle soziale Denken (über Institutionen und Normen) übersprungen (vgl. ders., op. cit., 22f.).

A. M. Turing, B. F. Skinner und D. C. Dennett würden dagegen behaupten, dass selbst eine grobe behavioristische Lerntheorie mehr verlässliche Einsichten in die Gesellschaftsgeschichte und kulturelle Entwicklung im Zeitalter der Maschine II vermitteln kann, als eine 'seinsvergessene' Medienanthropologie. Geniale Denker (wie z. B. David Hume, Albert Einstein und Martin Heidegger) waren nur schwache 'Abstraktionskünstler'. Offenbar will das 'Leben' oder 'Gott' nicht, dass 'nachgerechnet' wird, wie dies schon Hegel wusste. 'Nach' der Gesellschaft geht es (nach Faßler) darum, zu untersuchen, wie aus 'idiotischen' Massen' 'smarte' Mengen und wie aus 'Subjekten' 'Smartjects' und aus 'citizen' 'nettizen' werden (vgl. ders., op. cit., 29).

Die global vernetzten Mensch-Information-Systeme heben die 'Gesellschaftszeit' auf. Können sie auch die Regeln des 'einfache' Sozialverhaltens aufheben? Welchen Erwartungen 'gehorcht' der einzelne Akteur der neuen Zufalls- und Informationsgemeinschaften? Wie entsteht die neue 'Netzethik'? Etwa durch 'Internalisierung von Externalitäten', wie die meisten Normen? Die Ko-evolution von biotischen und abiotischen Systemen erzeugt (nach Faßler) Informationsspiralen weltweiter Vernetzungen (dynamische Kurzzeitgruppierung), die sich 'selbst' erhalten: „Sie entwickeln eine eigenständige Innenstruktur, eine Art digitaler Endo-Welt. Diese ist nicht zu trennen von der analogen Endo-Welt." (ders., op. cit., 31). Nach der 'soziologischen Aufklärung' (à la Luhmann) brauchen wir heute die mediale:

> „Es ist wichtig, die Lebendigkeit des Digitalen als transformierte Anwesenheit des Menschen ernst zu nehmen. (...) Mit diesem Buch werde ich das Vorhaben weiterführen, Ansätze einer informationell-materiellen, interaktiv-selektiven Aufklärung, einer Erklärung von Materialverwandtschaften, einer Aufklärung in und über Vernetzungen, also n.0, vorzustellen. Sie verbindet im Terminus Information Natur-, Computer- und Menschenwissenschaften." (ders., op. cit., 31)

Manfred Faßler verfolgt sein Opfer 'Gesellschaft' weiter durch alle virtuellen Räume der Berliner und Frankfurter Makrosoziologie. 'Vor' der späten Erfindung der Gesellschaft war bereits „ein indirekt natürlicher, a-biotischer (K. Mainzer), mit Bedeutungen und Erwartungen aufgeladener (infogener) Kunstraum entstand(en)" (ders., op. cit., 39). Die Frage nach der 'natürlichen' (biologischen) Basis (früher als 'Sozialinstinkt' missdeutet) war bis heute demnach unvollständig beantwortet. Die vorläufigen Forschungsergebnisse zur Existenz von 'Spiegelneuronen' könnten jedoch die nächste Runde der sozialbiologischen Debatte auslösen. Auch gewisse Einzelresultate der (britischen) vergleichenden Verhaltensforschung zur 'Koevolution' von Brutpflege-, Ernährungs- und Gruppenverhalten könnten hier eingebracht werden (vgl. Hinde 1973). Selbst der vorsichtige Darwin sprach noch von „sozialem Instinkt" bei Tieren, der nicht auf alle Individuen ausgedehnt wird, sondern „nur auf die des gleichen Verbandes" (Darwin, 1874/1974, 95; Harbach 1992, 85).

Faßler kritisiert nach meiner Meinung zu Recht die Evolutionsbiologie und insbesondere die Soziobiologie hinsichtlich der Unterbewertung der Interaktionen und Wechselwirkungen der biotischen und a-biotischen Faktoren bei der Entstehung der Arten. Der Unterschied zwischen den beiden Faktorengruppen besteht demnach im unterschiedlichen Verhältnis von Energie und Information. Alle 'sozialen Systeme' benötigen demnach Energie sowie eines weiteren 'Nährstoffs', der weder Energie noch Materie ist (so hat es uns Norbert Wiener 1949 gelehrt), nämlich 'Informationen'. Nach Gotthard Günther könnte man (gut späthegelianisch) 'Information' als 'modulierten Geist' bezeichnen. Die späte Erfindung 'Gesellschaft' ist (nach Faßler) aber kein soziobiologisches Produkt der Evolution, sondern ein 'infogenes' (vgl. ders., op. cit., 42). Der Soziologieüberwinder Faßler muss zugestehen, dass bereits Georg Simmel (Soziologie 1908) mit ähnlichen Gedanken gespielt hat. Ergänzen könnte man, dass bei Simmel der Informationsträger 'Zahl' eine strategische Rolle spielt (z. B. in seiner Gruppensoziologie), die später von Sozial- und Evolutionstheoretikern bei der Bestimmung von 'evolutionären Gleichgewichten' (ESS) lobend erwähnt wird (vgl. Harbach, op. cit., 139ff.). Dass das 'Leben' nicht 'ganz sozial' ist, war aber den sozial- und moralwissenschaftlichen Klassikern (z. B. Adam Smith) durchaus bekannt. Erst viel später machte der amerikanische Pragmatismus die a-biotischen Aspekte des menschlichen Zusammenlebens wieder zum Thema, welches danach von der behavioristischen Soziologie aufgenommen wurde. Auch die Denktradition einer ganz 'anderen Welt', nämlich die der Fundamentalontologie und Existenzialphilosophie (sie hat viele Schnittstellen zum Pragmatismus) führte z. B. in der Daseinsanalyse Heideggers viele Denkvoraussetzungen ein, die Faßler für die neue koevolutionäre Anthropologie einfordert (vgl. Harbach 2008). Richtig beobachtet ist der Sachverhalt, dass die moderne Soziologie sich vielfach von ihrem 'materiellen Substrat' abgehoben hat.

Von der Parteien Gunst und Hass verzehrt, hat sie in der Abwehrschlacht gegen Sozialdarwinismus, Physikalismus, dialektischen Materialismus etc. zu dieser Taktik gegriffen.

Ist die Soziologie vielleicht zu 'geistreich'? Auch wird ihr alles Materielle, z. B. auch die 'Technik', allzu schnell zur 'Ideologie' (vgl. Kap. 3).

Die in Bielefeld entwickelte 'Techniksoziologie' (Weingart, Rammert) war aber ein Zeichen des Fortschritts hin zu den 'infogenen Zukünften' (Lem). 'Information' ist (nach Faßler) eine „Halbfertigware menschlichen Lebens". Sie „entsteht aus 'gebrauchsfähig' vorsortierten Daten. Informationen sind also nicht mehr 'Unterscheidungen', sondern Unterschiede, programmatisch ausgerichtete, selektierte Datenströme. Menschen bewegen und erzeugen sich in unüberschaubaren Umwelten ständiger Informationszu- und -abflüsse, auf die sie uneinheitlich mit ihren Sinnen reagieren" (ders., op. cit., 45). Die 'formativen' Elemente des menschlichen Verhaltens kann man so als 'formative Selbstorganisation' verstehen. Diese formativen Prozesse bedürfen aber eines „informationellen Materialismus". Das E.S.I.-Modell verweist auf 'robuste' aber 'flexible' Strukturen, „mit deren Hilfe Menschen sich aus der Signalwelt in die Welt der Zeichen, des Bezeichnens, der Deutungen und relativen Autonomie 'geistiger' Prozesse hinein erfunden haben" (ders., op. cit., 46). Eine der möglichen 'Zukünfte' der Menschheit ist eine m.i.t.-Menschheit (einer organisierten Realität aus Medien, Informationen und Fantasie, ders., op. cit., 47). Das Makroformat 'Gesellschaft' scheint somit überwunden. Das Forschungsprogramm für diese m.i.t.-Menschheit zielt nicht mehr auf 'soziale Erwartungen' oder gar 'Menschenbiologie', sondern auf „Programme und Prozesse der Verständigung und Organisation" (ders., op. cit., 47). Im Mittelpunkt des Interesses steht nun das 'unpersönliche' Verhalten. 'Infogene Felder' und 'adaptive Abstraktion' könnten zu Grundbegriffen einer neuen Wissenschaft 'nach' der

Gesellschaft werden, die im Kern von der „mediale(n) Selbsterfindung des Menschen“ (ders., op. cit., 49) handelt. Das Wissenschaftsprogramm erfordert aber die Abkehr von „scharfen und eindeutigen Begriffen sowie die Hinwendung zur mehrwertigen Logik und dem Ausprobieren von ‘fuzzy logic’, d. h. dem Abschütteln der ‘alteuropäischen’ Denktradition.

Die Bewährungsprobe der mehrwertigen Logik in der Konstruktion von interessanten Hypothesen (z. B. über die Ursachen sozialer Probleme) stehen jedoch noch aus. Die Aufgabe der zweiwertigen (aristotelischen) Logik führt unwiederbringlich in eine Epistemologie des ‘radikalen Konstruktivismus’. Aber: „Radikaler Konstruktivismus wird vom Leben widerlegt.“ (Riedel 2000, 38) Ist das eine Warnung an die ‘fernen Zukünfte’?

Aber keine Angst: das ‘Leben’ ist in der ‘postbiologischen’ Zeit nach der Gesellschaft nicht länger mehr die letzte Instanz. Auch die von den amerikanischen Pragmatisten als ‘parasozial’ bezeichneten Prozesse bildeten bereits früh einen Ausgangspunkt für die Menschenwissenschaften ‘nach’ der Gesellschaft: Das neue Denkmodell besteht (nach Faßler) aus „Unterscheidung, Interaktivität, Information und Selektion“ (ders., op. cit., 53). Das Zukunftsbild ist das einer „informationellen globalen Zivilisation“ (vgl. ders., op. cit., 54).

2.3 Ahnungsloser Humanismus

Die Zeit eines ‘ahnungslosen Humanismus’ der Gesellschaftstheorie ist (nach Faßler) vorbei. Auch die aktuelle Theorie der ‘Weltgesellschaft’, der Luhmannschen Systemtheorie, scheint überwunden. ‘Nach’ der Gesellschaft entstehen „andere Bünde (...) anderes Leben“. Es entstehen „Online-Zustände und Offline-Habitate“ (vgl. ders., op. cit., 57). Ist es ein „Ende der Kontrolle“ (ders., op. cit., 59), wie das Titelbild des Buches suggerieren möchte?

Aber es existieren ‘nach’ der Gesellschaft neue „zufällige, aber bedingte Gemeinsamkeiten“ (vgl. ders., op. cit., 59).

Nach der Gesellschaft entstehen neue Regeln des Selbsterhalts und des Zusammenlebens. Die Welt des ‘infogenen Menschen’ wird „asymmetrisch und dynamisch“:

> „Es gibt kein festes Lebenskonzept, allerdings ein Lebensprinzip. Es besteht in dem ‘Schutz des Unterschiedes’, den die biochemischen Prozesse ‘für sich’ entwickeln. Es lässt sich auch sagen, dass Zustands- und Schutzprogramme entstehen, in denen die genetischen Codierungen mit ihren Umsetzungscodierungen (epigenetischen Codes) verbunden werden. Sie grenzen ihre Reaktionen so ein, dass sie ‘stabil’, anpassungsfähig überdauern. Dieses ‘für sich’ ist als Beobachtung formuliert. Ebenso könnte ich sagen, es seien sinnlose Differenzierungen, die ‘sich’ irgendwie ‘selbst organisieren’. Gründe dafür, dass dies so ist, muss ich hier nicht suchen. Die naturwissenschaftlichen Feststellungen von physikalischen und chemischen Gesetzen, über die

> vermittelt diese Prozesse 'erklärt werden', mögen hier genügen. Der 'Schutz des Unterschiedes' kommt allerdings der Idee des 'Selbstschutzes' sehr nahe, oder dem „Egoismus der Gene" (R. Dawkins), dem „Egoismus der Zelle" (J. Bauer). Womit sich die Frage stellt, ob das 'unterschiedene Leben' als Einzelunterscheidung zu beobachten ist, oder doch als Mehrfachunterscheidung. Nehmen wir Mehrfachunterscheidungen und -abgrenzungen an, so sind die stabilen Einzelzustände an Kooperationen gebunden, auf diese angewiesen. Diese Kooperationen wiederum sind voller Überraschungen, sind mehrfach kontingent." (ders., op. cit., 59)

Um diese zukünftigen Prozesse zu verstehen, werden die bisher unterschätzten Theorien der Selbstorganisation, der Komplexitäts- und Synergieforschung zu ihrem Recht kommen. Selbst die umstrittenen Konzepte von den 'epigenetischen Regeln' (Lumsden) und der (strukturellen) 'Koppelung' (Luhmann) könnten dann nützlich sein. Hierbei müssten sie aber zwei verschiedene 'Grundbedingungen' des menschlichen 'Lebens' beachten: (1) die biologische Selbstdetermination (durch die Energie- und Stoffströme) und (2) die Redetermination (durch 'künstliche' und 'entpersönlichte' Kooperation). Hierbei werden durchaus noch die Kooperationen von 'sozialen Systemen' berücksichtigt. Das neue Regelwerk folgt aber nicht mehr irgendwelchen 'linearen' Anweisungen (nicht der Gene). Die 'Lebensereignisse' bestimmen die Verhaltensstrukturen.

So ähnlich argumentierte aber schon die Existenzialphilosophie. Diese 'Lebenssysteme' sind nicht nur 'erfolgreich', sondern sie 'beobachten' und 'unterscheiden' diese Erfolge selbst:

> „Der Homo sapiens – das von sich selbst wissende Menschentier – ist durch seine nervlichen Informationsströme und seine Hirnphysiologie in der Lage, nicht nur die biologischen Kopplungen und systemischen Regeln zu beobachten und zu bewerten. Er ist in der Lage, solche vorauszudenken, zu entwerfen, sie in abstrahierende Bezeichnungen, in Zeichenmodellen und medialen Formaten vorzustellen und zu speichern.
> Die Fähigkeit zur Redertimination ermöglicht es Menschheiten, aus ihren Beobachtungs-, Denk- und Erfindungsfähigkeiten heraus experimentelle, nicht ableitbare, oft auch als künstlich, imaginär, virtuell bezeichnete Mitwelten zu entwerfen (ob agrarisch, urban, handwerklich, transporttechnisch, industriell). Diese wiederum 'wirken zurück', erfordern veränderte Kenntnisse, Fähigkeiten, verändertes Wissen, neue Differenzierungen." (ders., op. cit., 61)

Gegenwärtig bildet sich (nach Faßler) eine epigenetische Ordnung 3. Grades heraus: das Internet als digitales Globalmedium.

Aber warum sollte man wie Faßler (und Maturana) annehmen, dass der Mensch auch in dieser dritten Ordnung den „Gesetzen der Biologie der Realität" folgt? Das 'Leben' hat den Globus durch die digitalen Netzwerke erobert. Die dies alles ermöglichende Fähigkeit des Menschen, Unterscheidungen zu treffen, ist eine alte Errungenschaft des menschlichen Gehirns – lange vor der Entstehung des 'Bewusstseins'. Leider weiß man bis heute nicht, wie die beiden „Besonderheiten des Lebens": 'Replikation' und 'Reproduktion' zusammenkommen, d. h. die klassische Frage bleibt: „Wann beginnt Leben?“ (ders., op. cit., 63).

Hegel schon wusste es!

Die uns weiterführende Frage ist diese: „Welche ‘Betriebssysteme’ menschlichen Zusammenlebens [werden] durch welche epigenetischen Skripte und Regeln (…) und durch welche maschinellen und medialen Logiken möglich und vorbereitet (…)“ (ders., op. cit., 64)?

Der ‘Organismus’ Mensch muss sich den organischen und unorganischen Herausforderungen seiner Umwelt stellen. Er muss dies mit Hilfe von sozialen Organisationen tun, was die Soziologie im Kern pauschal behauptet. Sie vergisst aber dabei meistens die hierfür notwendige ‘Technik’ (vgl. ders., op. cit., 64):

> „Über den Medienerfinder Mensch zu sprechen heißt, ihn in diesen rückbezüglichen, ko-evolutionären Wechselwirkungen von Organismus und interaktiver Selbstorganisation beobachten lernen, zwischen (genetisch möglichem) Produkt und Poiesis lebensgeschichtlicher und evolutionärer Interaktivität. Es ist eine biologische Anforderung des Menschen, künstliche Unterschiede zu erzeugen und diese zu ‘Regeln eigener Art’ (sozial systemisch) zu machen. ‘Anforderung’ meint hier, dass das sinnlich-informationelle Leben des Menschen ebenso wichtig ist, wie das der materialen Ernährung.
> Die absichtlich erzeugte gegenständliche oder abstrakte Sinnlichkeit ist Quelle jenes Grundnahrungsmittels menschlichen Zusammenlebens: der Information.“ (ders., op. cit., 65).

Entscheidend für den Neubeginn des Nachdenkens über das Sozialverhalten des Menschen ist (nach Faßler) die Idee, diesen ‘Zeichen’ und ‘Künstlichkeiten’ einen eigenen ‘Realitätsstatus’ zuzubilligen. Der ‘Zugzwang des Künstlichen’ besteht in dem Zwang, das Erfundene erinnern zu können. Es ist nicht einfach ‘auffindbar’.

War es vielleicht schon immer ‘vorhanden’ (nach Heidegger)? Interessant und strategisch wäre es, die ‘Phasenübergänge’ vom ‘Natürlichen’ zum ‘Künstlichen’ zu beobachten, wie dies die Fundamentalontologie suggeriert (wie aus dem Realitätsmodus des ‘Vorhandenen’ der des ‘Zuhandenen’ wird).

Durch die Erfindung der ‘Medien’ sucht der Mensch sich ‘Zusatzwelten’; zu diesen gehören auch die erdachten Modelle der ‘Kooperation’ (vgl. ders., op. cit., 66). Die ‘Medialität’ ist demnach eine Art ‘indirekter Biologie’. Das wichtigste ‘Lebensmittel’ ist hierbei die Information: „Willkommen also im Universum nicht-natürlicher Beziehungen“ (ders., op. cit., 66). Ohne Medialität gebe es auch keine ‘Kultur’. Diese ist letztlich nur möglich, weil der Mensch von der „Leidenschaft des Zeichnens“, von einer „Freude an der künstlichen Welt“ angetrieben wird (vgl. ders., op. cit., 68). Erst die ‘Depersonalisierung’ der Beziehungen über weite Räume und Zeiten erfand den abstrakten „Gedankenraum“: „In Medien sind Informationen gegen den Augenblick ihrer Entstehung kodiert.“ (ders., op. cit., 69) Dabei lebt das Mediale von der Illusion, dass die transportierte Information 'dieselbe' bleibt. Wie aber kann man Veränderungen feststellen?

Die Thematisierung der Medialität führt demnach nicht nur zu einem neuen Verständnis des Zusammenhangs von Selbst- und Sozialorganisation (insbesondere der Kooperation), sondern auch zum Verstehen und zum Verständnis selbst: „Verständigung ist [ein] erlerntes und strukturell 'vergessenes' Kooperationexperiment." (ders., op. cit., 71) Der modernen Soziologie ist ein derartiges Denken (noch) fremd. Ihr Erkenntnisinteresse ist aber in der Verteidigung des Gesellschaftskonzepts (und all seinen moralischen Konnotationen) stehen geblieben. Die global agierenden „Communities of Projects [machen] Welt-Karriere an Gesellschaft vorbei" (ders., op. cit., 73).

Es ist jedoch leichtfertig – wie dies Manfred Faßler tut – alle soziologischen Theorien in einen Topf zu werfen und lediglich nur als metaphysisches Gerede abzutun. Der Logiker Gotthard Günther hat uns gelehrt, dass selbst abgehobene Theorien des 'plumpen Scharlatans' Hegel (K. R. Popper), z. B. in der 'Phänomenologie des Geistes', zur Theorie der 'Maschine' und deren 'Bewusstsein' etwas zu sagen haben. Selbst Günthers Interpretation des 'dialektischen Materialismus' ist heute noch interessant:

> „Zweifellos besteht eine terminologische Affinität zwischen der Kybernetik und dem dialektischen Materialismus. Wer aber daraus folgert, dass damit der dialektische Materialismus als die wahre Weltanschauung gerechtfertigt und der Idealismus eo ipso abgeschafft sei, irrt sich schwer. Sowohl bei Marx wie auch in den kybernetischen Theorien wird eine formallogische Voraussetzung gemacht, nach der es unmöglich wird, für die eine oder die andere Seite Partei zu ergreifen. In beiden Fällen wird formallogisch vorausgesetzt, daß metaphysisch betrachtet Form und Stoff vollkommen äquivalente Größen sind." (Das Bewusstsein der Maschine, 1963, 107)

Das Lebenswerk dieses Autors besteht m. E. wesentlich darin, eine Verbindung von trans-klassischer Logik und der Maschinentheorie zu demonstrieren – im Grunde eine uralte ('alteuropäische') Frage nach dem Verhältnis von 'Geist' und 'Materie'. Die 'zweite' Maschine hat sich aus dem 'Werkzeug' heraus entwickelt und verselbstständigt. Diese wird nun nicht mehr 'gehandhabt', sondern 'bedient' (vgl. ders., op. cit., 182).

Der moderne Computer ignoriert demnach in fruchtbarer Weise die Antithese von 'Geist' und 'Natur'. Die Lehre Hegels von 'objektiven Geist' (später von seinem Spätfeind Popper in seiner Dreiweltentheorie 'gecovered') ist eigentlich eine philosophische Parallele zur kybernetischen Theorie. Beide Denkrichtungen thematisieren „die sich und ihre Umgebung reflektierenden und organisierten Systeme" (ders., op. cit., 162). Einige naturwissenschaftliche Genies (z. B. Albert Einstein) haben sogar von dem 'philosophischen Gerede' profitiert. So wird von Einstein berichtet, dass er in der Mittagspause im Patentamt in Zürich David Humes 'Treatise' gelesen hat und von dessen Spekulationen über das Verhältnis von 'Raum' und 'Zeit' fasziniert war (vgl. Topitsch/ Streminger 1981). Ein berühmtes Gerücht der Wissenschaftsgeschichtsschreibung besagt, dass Karl Marx auf dem Sterbebett noch sein Bedauern geäußert hatte, nun nicht mehr in der Lage zu sein, sein 'Projekt' über die 'Geschichte des Werkzeugs' durchzuführen. Vielleicht ahnte er, dass nach der 'Handmühle' und der 'Dampfmühle' neue Maschinen kommen würden, welche die Gesellschaftsformationen noch grundsätzlicher verändern könnten (vgl. Kap. 3).

Die Vernachlässigung des 'Künstlichen' durch viele soziologischen Theoretiker ist vielleicht in der Überzeugung begründet, dass die für die Sozialtheorie interessante 'Künstlichkeit', die 'künstliche Intelligenz' (KI), erst dann sicher in die 'Theorie' eingebaut werden sollte, wenn deren Basis, das 'künstliche Leben' ('artificial life', AL) beobachtbar gemacht werden kann.

Die Grundthese Faßlers, dass die 'Gesellschaftszeit' vorbei sei, und das soziologische Konzept schlecht begründet wurde, und man sich andere Formen der sozialen Organisation vorstellen kann, würde selbst Thomas Hobbes wenig aufregen. Die milde, aufgeklärte Arroganz des Gesellschaftsdenkens bei Niklas Luhmann ist im Hinblick auf das Format vieler seiner Kritiker eher eine 'natürliche Selbstverständlichkeit'. Gegenüber der 'neueuropäischen' Tradition der Sozialtheorie schlägt Manfred Faßler die folgende Forschungsrichtung für die Sozial- und Verhaltenswissenschaften vor:

> „Für die gegenwärtigen Veränderungen, erzwungen durch Erfindung und Gebrauch digitaler Prozesse, lässt sich sagen: die so entstehenden Gefüge aus materiellen, kognitiven, experimentellen Abhängigkeiten ermöglichen Netzwerke, in denen direkt menschliche und indirekt menschliche (automatisierte) Aktanten informationell gekoppelt sind.
> In ihnen ist eine eigene 'Sehnsucht nach Evidenz' (...), eine eigene Sehnsucht nach Zusammenhängen des Virtuellen, zu erkennen. Sie stellt sich in Clubs, Biografie-Portalen, Online-Spielen, Communities, CLANs, in open source, open knowledge, open society dar.
> Sie markieren den Veränderungsverlauf: es geht um die Zusammenhänge, also die Empirie des Abstrakten, des Imaginären, Fiktiven, Virtuellen, um die Logiken der Entwürfe, Erfindungen, Möglichkeiten. Weltweit und sofort." (ders., op. cit., 84)

Die Problematik des Gesellschaftskonzepts (besonders dem Adornos) beruht demnach letztlich in der „Krise der Virtualisierungslogiken gegenwärtiger Menschheiten, d. h. [in] eine(r) Krise der epigenetischen Regeln" (ders., op. cit., 85).

2.4 Neue Konzepte

Die zunehmende Virtualisierung aller Lebensbereiche führt zu 'unbedachten' Überraschungen, zu 'Kontingenzen'. Aus der 'doppelten Kontingenz' (Luhmann) der Sozialkontakte werden unübersehbare Mehrfachkontingenzen.

Wie aber kann die soziologische Theorie diesem Sachverhalt Rechnung tragen? Brauchen wir eine neue Theorie der 'Institutionen'? Nach Faßler bilden sich heute „Virtualisierungs-Klassen“, deren Basis in „SMART POPULATIONS“ („strukturell gekoppelte(n) Bevölkerungsgruppen“) besteht. Diese 'klugen Gruppen' verweisen auf ein neues 'unmoralisches' Gruppenkonzept (vgl. ders., op. cit., 86).

Interessant ist nun die Frage, welchen Unterschied des Verhaltens diese 'klugen Gruppen' im Vergleich zu 'traditionellen Gruppen' (auch der 'Referenzgruppen') aufweisen. Was hält diese 'Zufallsgemeinschaft' zusammen? Wie bestimmen sie ihre 'Führer'? Wie rekrutieren sie ihre Mitglieder? Was gilt als 'erfolgreiches' Verhalten? Gibt es Arbeitsteilung bezüglich 'innerer' und 'äußerer' Gruppenbeziehungen? Wie entstehen die Gruppennormen, z. B. hinsichtlich der Benutzung der Hard- und Software? Welche Sanktionen gibt es bei 'abweichendem' Verhalten?

Das Gruppenkonzept der traditionellen Soziologie scheint für die medientheoretische Herausforderung gut gerüstet!

In der Medientheorie Faßlers erringt das Gesellschaftskonzept zum Schluss aber eher einen marginalen, residualen Status: „Gesellschaft erhält darin den Status komplexer, nicht selbstverständlich aufeinander bezogener Akteurs-Archive.“ (ders., op. cit., 89).

Warum aber sollten wir das alte Ideal von einer 'guten Gesellschaft', in der ein 'würdevolles' menschliches Leben möglich wird, aufgeben? Wissen wir immer noch nicht genug, was alles falsch 'programmiert' war? Ein Grund für dieses Misslingen ist sicher die Entfernung der 'erdachten Welten' (der Idealgesellschaft) von den beobachtbaren 'Realitäten' des Lebens, würde der 'naive' Positivist und der methodologische 'Behaviorist' unter den Soziologen spontan antworten. Sind 'kluge Gruppen' auch solche, die ihre Konzepte auf sich selbst anwenden? Was sagen die 'Spiegelneuronen'?

Was unterscheidet diese neuen kooperativen Erwartungen der einzelnen 'communities'? Sind es andere Erwartungen (und Erwartungserwartungen) als das traditionelle Normkonzept sie beschreibt? „Durch Netzwerke entstehen bemerkenswerte Verbindungen zwischen informations- und kommunikationsintensiven Communities und Konzepten von informationeller Zivilisation.“ (ders., op. cit., 93) Entsteht durch intensive Kommunikation mit Hilfe 'immersiver' Techniken 'Sympathie' zwischen den Mitgliedern der Zufallsgemeinschaft? Entsteht ein neuer 'ingroup-outgroup'-Mechanismus? Gibt es vielleicht eine Tendenz zur modischen Anzeige der Gruppenzugehörigkeit (Vorschlag: ein 'Apple'-Tattoo auf dem Nacken)? Die 'Communities of Projects' beenden nach Faßler das Regime der Gesellschaftszeit (vgl. ders., op. cit., 94).

Manfred Faßler ist ein Vieldenker. Durch inflationäres 'namedropping' und 'systemhopping' (der theoretischen, logischen und – emotionalen Referenz) erzeugt er in seinen Büchern ein Feuerwerk an Assoziationen und Beobachtungsstimuli. Vom 'namedropping' werden einige 'Parallelforscher' systematisch ausgenommen (z. B. der Diplom-Soziologe und SPSS-Fachmann Achim Bühl) oder auf die Plätze verwiesen (z. B. der Komplexitätsforscher Klaus Mainzer). Aufkommende Selbstkritik wird meist in rhetorischen Fragen ausgeklammert. (Nach Meinung einiger Wissenschaftshistoriker gründet der grandiose Erfolg von Darwins Hauptwerk auf der regelmäßigen Hinterfragung des eigenen Theoriekonzepts und der Ausbreitung widersprüchlicher Forschungsbefunde). Dies scheint aber dem 'deutschen Geist' (von Nietzsche bis Adorno – und Faßler) zu widersprechen (vgl. Harbach 1992, 117). Faßlers allgemeines Beobachtungskonzept ist das der 'Koevolution'. Mit ihm beobachtet er die traditionellen sozialen Reproduktionsprogramme unter dem Aspekt ihrer „Stoff-, Waren- und Informationsströme" jenseits der gesellschaftstheoretischen Begrifflichkeit und deren moralischen Konnotationen. Der soziologische Grundbegriff der 'sozialen Interaktion' (ebenso wie der der 'Gruppe' und der 'Organisation') kann jedoch zunächst modifiziert beibehalten werden: „Jede Interaktivität, ob zwischen Menschen oder Menschen – (selektionsfähigen) Maschinen – (per Definition selektiven) Medien, hält die koevolutionären Prozesse aufrecht. Diese sind abhängig von universellen Naturgesetzen, Zufällen der (verzweigenden) Evolution, von Zufällen der Koordinierung und Kooperation von Menschen, und – wirklich nicht zuletzt: von den offenen Dynamiken der Unterscheidungsprogramme und Unterschiedslogiken." (ders., op. cit., 103)

Faßler lässt somit auch die berühmte sozio-biologische Herleitung der Sozialität (etwa im Sinne der 'kinselection') hinter sich und visiert ein 'postbiologisches' Konzept des Sozialen an. Die interessanten Forschungskonzepte für künftige Mediensoziologen sind demnach die 'Communities', die sich in den „digitalen Habitaten" bilden. „Gesellschaft kann verschwinden, Gehirn und Gene können dies koevolutionär nicht. Ihre sich verändernden Verarbeitungsweisen von Informationen bringen immer neue Zustände hervor, mit denen Menschen Gesellschaft zurücklassen. Andere effektive Verwendungen von Ressourcen machen andere (nicht akkumulative) Informationsverarbeitungen möglich. Ein neues, nachbürgerliches Patent ist entstanden: instantane Netzwerke." (ders., op. cit., 105) 'Gesellschaft' ist nur noch ein „koevolutionäres Zwischenergebnis" (ders., op. cit., 109). Durch „höherstufige Selektionen"

(Idealisierungen) entstehen soziale Konstrukte der sich ständig ändernden sozialen Wirklichkeit.

Aber welche Regeln für die 'Selbstorganisation' setzen sich durch? Wie werden sie 'erfunden'? Interessant wäre die möglichst genaue Beschreibung des Übergangs vom 'Alten' zum 'Neuen'. Wird 'Neues' erst post factum 'konstruiert'? Waren in der Vergangenheit die empirischen Untersuchungen der Auswirkungen der Druckmedien von strategischer Bedeutung für die mediale Soziologie, so sind es heute die computerbasierten Netzwerke, so werden es danach in Zukunft die 'zeitweiligen Netze' sein, die das wissenschaftliche Interesse auf sich ziehen: „Diese Netze sind zeitlich, ursächlich, aktional unbestimmbar. Sie sind Zeitweisen von Informationen. Sie bringen das Netz hervor, das sie erhält." (ders., op. cit., 110).

Wie kann man aber über sie noch sinnvoll sprechen? Oder entsteht der 'Sinn' erst im 'Vollzug'? Ist das schon Metaphysik? Wird der Sinn wie in einem religiösen Erlebnis 'externalisiert'? Manfred Faßler will „an die Stelle des Kults der Vernunft" die selektive „Interaktivität und Kooperation" setzen (vgl. ders., op. cit., 111). Er hat sich mit der menschlichen 'Vernunft' eine mächtige Gegnerin gewählt. Ist doch ein wesentlicher Teil dieser 'Vernunft' als Glaube an 'Kausalität', 'Gesetze', 'Regelmäßigkeiten' und 'Ursachen' konzipiert. Ein Glaube, der sich 'koevolutionär' durchaus bewährt hat! Viele soziale Normen und gesellschaftlichen Organisationsprinzipien sind ja von diesem Kausalitätsglauben abgeleitet, z. B. die berühmte 'just world hypothesis' (vgl. Harbach 2006). Der Reiz der 'Vernunft' in den Moral- und Sozialwissenschaften (von Hobbes bis Habermas) liegt nicht zuletzt darin, dass mit dem daraus abgeleiteten Gesellschaftsbegriff von 'unsichtbaren', 'virtuellen' Sachverhalten gesprochen wird, die von einer virtuellen Aktivität, dem 'Denken', beobachtet werden können – eine reine Welt des 'Geistes'! Kann eine 'nüchterne' Komplexitäts- und Koevolutionsforschung die Moral- und Sozialwissenschaften wieder (einmal) auf die Füße stellen? Die durch die weltweite Vernetzung der Computer entstandenen neuen Interaktionsformen sind demnach mit dem traditionellen Gesellschaftsbegriff nicht mehr zu erfassen. Hat sich dadurch das 'Wesen des Sozialen' selbst verändert? Was ist noch 'sozial' an den 'social networks'? Sie „sind Hubs, Verzweigungszentren für veränderte Wahrnehmungs- und Kommunikationskompetenz. In ihnen entstehen Zusammenhangskompetenzen, die die überlieferten Bedeutungen nachbarschaftlicher, kollegialer, gesundheitspolitischer, arbeitsteiliger, anonymer Solidargemeinschaft (sprich: 'Sozialkompetenzen') nicht mehr aufrufen – und letztlich nicht mehr erzeugen" (ders., op. cit., 116).

(In der Informatik sind 'Hubs' Datenverteiler mit 'eigener' Intelligenz, die meist ohne 'eigene' Energie auskommen (vgl. Fischer/Hofer, Lexikon der Informatik, 2008).

Die Zukunft kündigt sich in den (oft verlachten) Online-Computerspielen an. Sie signalisieren einen „radikalen Wechsel der Regelwerke menschlichen Zusammenlebens und deren Legitimierung" (ders., op. cit., 117).

Der Kulturkritiker reibt sich die Augen!

Die Netzwerkkategorie entleert demnach die traditionellen Begriffe der Soziologie wie 'Schicht', 'Klasse' und 'Stand'. Soziale Modelle müssen 'umprogrammiert' werden. Das Individuum wird quasi 'gesellschaftsfrei'. Ein digitaler Markt für Sozialmodelle wird entstehen: „Die Versprechen der vernetzten digitalen Individualkommunikation sind auf einem technogenen Niveau angekommen, auf dem es nicht mehr um Strukturwandel von Gesellschaft geht. Gesellschaft, (...) bis in die biologisch-evolutionäre Zeugungs- und Aufzuchtgemeinschaft rückdatiert, wird vom biomorphen über den technomorphen zum infogenen Programm." (ders., op. cit., 118) Es bildet sich keine 'Weltgesellschaft' heraus, sondern „Game-, Zufall- oder Projektcommunities" (vgl. ders., op. cit. 119). Programmierfirmen werden in Zukunft definieren, was 'Sozialität' ist. Die mediale Revolution könnte das Versagen der bisherigen 'sozialen Systeme', die selbsterzeugte Not zu wenden ('Notwendigkeit') jenseits der traditionellen Konzepte von 'sozialen Problemen' realisieren. Die letztlich auf einer biologischen Basis ruhenden Konzepte der sozialen Organisation (von Piaget bis Moravec) werden durch die mediale Intelligenz abgelöst. Anstelle des Makrokonzepts 'Gesellschaft' treten „die Mikrodiversitäten von Gruppen, Kurzzeit-Communities, von Smart Populations, Netzwerke von biografisierten und ökonomisierten Kommunikationsräumen, in denen die Individuen unter den Bedingungen ihrer ständigen Variabilität agieren" (ders., op. cit., 123). Es entstehen neue Gruppen von 'Aktanten' und „in Zuständen entstehen erst die Regeln, die diese Zustände möglich machen. Zustände sind vorher unwahrscheinlich" (ders., op. cit., 124).

Wie aber kann man diesen 'Vollzug' beobachten? Ist damit das 'alteuropäische' Kausalprinzip überwunden? Wie können diese 'Zustände' 'autologisch' sein, wenn sie nicht von den Bedingungen des informationellen Materialismus (der E.S.I.-Welten) ablösbar sind? Ist dies eine neue Formulierung von 'struktureller Koppelung' oder nur ein neues Etikett?

Information ist ja weder 'Materie' noch 'Energie', wie uns Norbert Wiener gelehrt hat. Sie ist „lebensfähige Unterscheidung" (ders., op. cit., 129). Der Begriff hat demnach geholfen, sowohl das Gesellschaftskonzept als auch die „Gesellschaftsfantasmen" zu vertreiben. Nach der Frage „Wie ist Gesellschaft möglich?" (als Grundfrage aller Soziologie) ist die Frage getreten: „Wie entstehen und erhalten sich biotisch-abiotische Systeme“ (ders., op. cit., 130)? Der Fokus der Beobachtungen in den Sozial- und Verhaltenswissenschaften hat sich verschoben auf einen „informationellen Materialismus“ (ders., ebenda). Die Entwicklung geht unaufhaltsam in Richtung einer ‘verwaltenden Sesshaftigkeit’ (der Gesellschaft) hin zu den Netzwerken ohne bestimmtes ‘Territorium’. Die Akteure in diesen Netzwerken entwickeln allerdings eine neue ‘Sesshaftigkeit’ (vor dem Bildschirm), die von den Kulturkritikern bereits als neue ‘Form der Behinderung’ gebrandmarkt wurde. In den Neuzusammensetzungen von Biotischem und Abiotischem werden neue ‘Realitäten’ geschaffen: „Die informationellen Netzwerke beziehen ihre Realitätsmacht eben aus der Online-Offline-Struktur der Erreichbarkeit.“ (ders., op. cit., 133). Mensch und Computer verschmelzen in der Kommunikation zu einem Gerät (‘Gestell’?). Das Informationskonzept selbst hat sich aber in der ‘Koevolution’ verändert, d. h. es bezieht sich nun auf jede „lebensfähige Unterscheidung“ (ders., op. cit., 135). Auch das für die Soziologie zentrale Konzept der ‘Interaktion’ erfährt seine koevolutionäre Wendung: „Der gemeinsame Nenner der organisch und anorganisch zusammengesetzten Interaktivität sind infogene Prozesse. Sie entstehen zufällig und unter den Bedingungen nicht-zufälliger Regelmäßigkeit.“ (ders., op. cit., 136) Letztere sind jedoch die interessanteren:

> „Zwei Muster. Interaktivität schließt immer ein Zusammenhangsmodell mit ein. Interaktivität zwischen zwei Akteuren ist logisch nicht möglich, da sie eines dritten Akteurs, eines Zusammenhangs-, Beziehungs-, Deutungsprogrammes bedarf, ganz gleich wie aktiv dies ist: ob als genetisch-evolutionäres Angesichtsmuster friedlich, ängstlich, entspannt, aufgeregt etc., als Grußkonvention, als Ritual oder als steuerbares Avatar-Programm die Verbindungen integriert und ermöglicht. Interaktivität auf wechselseitige Gleichwertigkeit (Reziprozität) zu beziehen, genügt nicht. Hier greife ich auf zwei Erklärungsmuster für aktionale Gefüge zurück.
>
> Muster 1
>
> Das erste besteht in der Annahme, dass die logisch angenommene Zwischen-Zone von Menschen weder eine sich genügende Zweiheit, noch eine irgendwie idealisierend angenommene symbolische Einheit beschreibt.
>
> Dem folgt die Annahme, dass die Beziehungen von Menschen immer über die Erzeugung einer Um- oder Außenwelt organisiert sind. Sie sind nur möglich, wenn ein Drittes erzeugt wird, das denselben oder sogar einen ‘mächtigeren’ Aktantenstatus erhält, als die beteiligten Menschen.
>
> Dieses prinzipielle Außen oder der prinzipielle dritte Agent kann als Bedrohung wahrgenommen, als Handlungsverführung (Apfel und Schlange), als Norm, Standard, Verabredung, Poesie dargestellt werden. Diese etwas komplexeren Beispiele entstehen aus dem einfachen inter-aktionalen Muster, dass sich Menschen ‘über’ etwas (geäußertes, dargestelltes Gefühl, über Gedanken, Absichten, Formalismen, Strukturen) auf einander beziehen.
>
> Interaktivitätsmarker Im Blick steht ein veränderungsreiches und veränderungssensibles Muster, mit dessen Hilfe erklärt werden kann, wie in der ideal angenommenen Zweierbeziehung von Menschen überhaupt (gedankliche, zeichenhafte, deutende, bedeutende) Bereiche entstehen können, imaginäre Umwelten (C. Castoriadis), oder künstliche Realitäten, also Gesellschaften / Kulturen. Hierfür nehme ich para-mediale Prozesse an.

> Sie lassen sich über Interaktivitätsmarker beschreiben, mit deren Hilfe wir Menschen bereits 'schon einmal Gesagtes', 'schon Geklärtes', 'schon Verhandeltes' aus individueller Erinnerung (für den einzelnen) oder aus dem intersubjektiven 'Gedächtnis' (für 'uns') heraus aufrufen. Unsere Alltage sind voll solcher intersubjektiven Hinterlassenschaften, voll solcher informationellen Gegebenheiten, die noch nicht oder nie zum langfristig gespeicherten medialen (kollektiven) Gedächtnis gehören (werden).
> Ohne sie, also ohne diese verstetigten Agenturen der Verständigung, könnte, aus meiner Sicht, keine zeiträumliche Dehnung menschlichen Handelns entstehen, sei dies nun als Ökonomie, Gesellschaft, Wissen, Kultur oder Kunst gedacht. Dies bestätigt einesteils die Bedeutung der vielen Forschungsansätze zu Alltag und Lebenswelt. Zugleich meint dies aber etwas anderes. Denn mir geht es nicht um die Ablaufkoordinaten für Arbeit, Kochen, sich verabreden, sich streiten und deren Wirkungen auf eine Art Tagesserien oder Tagesserialität, – umgangssprachlich und im common sense als 'normales Leben' beschrieben. Vielmehr geht es mir um Entstehungs-, Erhaltungs- und Vererbungsmuster dieser „Normalität". Wobei ich die Muster und die Regeln nicht als 'Fremdkörper' verwende, sondern als gleichzeitig konstitutiv für den Menschen und für seinen künstlichen Verwandten / künstlichen Körper.
> Muster 2
> Das zweite Erklärungsmuster ist in den letzten Überlegungen schon angelegt: Menschen beziehen sich nicht 'unmittelbar' auf sich, sondern stets über Muster, Abstraktionen und Modelle. Über diese wird die Erwartung von Verhalten isoliert.
> Menschen haben gelernt, sich mit ihren eigenen Abstraktionen zu befassen, sich in diesen heimisch zu fühlen. Am leichtesten fällt dies anscheinend der Mehrheit der Menschheit, wenn diese Abstraktionen sich in 'lauffähige', 'funktionale' Modelle 'verkörpern' lassen, wenn also die Daten und Informationen als nicht-natürliche 'Natur der Sache', als kulturelle Natur, als Maschinenform, Stadtform, Staats- oder Rechtsform erlebbar, erfahr- und wahrnehmbar ist. Die Hauptsache ist, die Sache läuft, ob Motor oder Straßenverkehr, Kartoffelanbau oder Wodkaproduktion. (…)
> Dem Gehirn als informationeller Dauer- und Alleskonsument, ist die materiale Herkunft von Informationen egal. Erst in der Setzung von Verhältnismaßen und Bewertungsgrößen wird Leben gegenüber Unbelebtem, Natürliches gegenüber Künstlichem, Hochkulturelles gegenüber Volks- oder Massenkulturellem unterscheidend. Auch diese Unterschiede sind also gemacht. Aber wie ist dies erklärbar?" (ders., op. cit., 137f.).

Zwischen 'Interaktivität' und 'Interaktion' bestehen wichtige definitorische Unterschiede hinsichtlich des Beobachtungsstatus. Nach Klaus Mainzer (Der kreative Zufall, 2007) und Manfred Faßler sprechen viele Naturwissenschaftler (aber nicht alle!) heute von einer Welt der 'dynamischen Wechselwirkungen' und 'zufälligen Anstößen' und wissen auch von 'Eigenlogiken' und 'Eigengesetzlichkeiten' zu berichten (vgl. ders., op. cit., 140). Dabei erzeugen einige Begriffe mit den Präfixen 'Eigen-', 'Auto-', 'Ego-', 'Selbst-' usw. je nach 'Entfernung' des Beobachters 'Leerstellen' und 'blinde Flecke'. Sie töten dabei manchmal die wissenschaftliche Neugier des Beobachters ab, wie schon früher einige Begriffe der geisteswissenschaftlichen und instinktbiologischen Psychologie (z. B. 'Wille' und 'Todestrieb'). Aber das macht nichts (so Faßler), denn die meisten Begriffe sind ja sowieso 'Nachversorgungen' bereits bestehender Sachverhalte.

Trifft dies auch auf die mediale Anthropologie zu? Ist sie vielleicht nur ein neuformatiertes Plagiat?

Viele Sozial- und Verhaltenswissenschaftler haben mit der (vermeintlichen) Provokation von Mainzer und Faßler, die menschliche Gesellschaft sei ein „Zufallsding“ und die ‘Kultur’ sei eine „Zufallsbremse“, wenig Probleme.

Einige reagieren schwach allergisch auf die im Stil ‘neueuropäischer’ Religionskritik vorgetragenen Argumente gegen ihre Grundbegriffe.

Aber es gibt Hoffnung: „Populationen benötigen Zeit, um ihre Klugheit zu erzeugen und anzuwenden.“ (ders., op. cit., 144). Die mediale Anthropologie bringt (nach Faßler) den ‘Menschen’ (aber welchen?) wieder auf die Tagesordnung. Dieser erscheint aber nun wie ein „Durchgangsstadium“ seiner selbst, als „unbeständiges Veränderungswesen“ (ders., op. cit., 146).

Selbst Mick Jagger schien die Paradoxie dieser Beobachtungsweise zu kennen: ‘How can they put a name on me, while I am changing every day?’

2.5 Was ist ‘Sozialität’?

Manfred Faßler wirft den Geistes- und Kulturwissenschaften vor, dass sie ihre ‘Hausaufgaben’ in Informationstechnologie nicht gemacht haben. Dies ist nur teilweise richtig, denn viele Soziologen und Anthropologen wissen heute selbst um ‘Unschärferelationen’, ‘dissipative Strukturen’, ‘Schrödinger-Gleichung’ usf. und nutzen diese zur Rechtfertigung ihres eigenen (oft anomisch-originellen) Ansatzes. Der Hinweis auf die ‘Quantenmechanik’ gehört zum festen Bestandteil radikal-konstruktivistischer Drohgebärden gegenüber dem ‘alteuropäischen’ Denken.

Den systemtheoretischen Denkern in der Soziologie (à la Luhmann und dessen Musterschüler Dirk Baecker), wonach letztlich die ‘Rekursion’ den gesellschaftlichen Zusammenhalt sichert, stellt Faßler folgende Fragen:

> „Was wird aus diesem Zusammenhalt, wenn die asymmetrischen Spiralbewegungen von Energie-, Stoff-, Informationsströmen und von m.i.t.-Welten die Zeit für Gesellschaft nicht mehr freistellen? Was also, wenn die (Gesellschafts-) Zeiten vorüber sind, in denen wechselwirkende Rückbezüge das Zeitformat der ‘Großen Dauer bei kleinen Diskontinuitäten’ nicht mehr erzeugen, weil sie es nicht mehr für ihre Reproduktion benötigen?
> Was, wenn weltweit verstreute Netz-Populationen, weil sie auch nicht-lineare Zusammenhänge sind, sich der Rekursivität, der rückwirkenden Bestätigung und Verstärkung bedienen, aber deren Ergebnisse nicht mehr in die Sicherung von Gesellschaft tragen?
> In digitalen Vernetzungen geht es nicht mehr um Überschreitung dualistisch gefasster Grenzen (innen/außen, Exklusion/Inklusion). Es geht um Eigendynamiken, die lokal, regional, individual, immer wieder neu (abiotisch) zusammengesetzt werden. Mit ihnen stellen sich Fragen nach „Zusammenhalt“ grundsätzlich anders. Gesellschaft als Bezugs-, Anrufungs- und Bedeutungsordnung, die ihre Innen-/Außen-Regie erhalten muss, gelingt kaum noch. Die dua-

> listische Kruste ist geborsten. Zusammenhänge des Lebens bestehen nicht in binärer Struktur, worauf bereits Claude Levy-Strauss aufmerksam gemacht hat. (1978, 148-180)" (ders., op. cit., 153f.)

Die materiellen Prozesse der 'Katalysatoren', 'Synergien' und 'ternären Strukturen' erzeugen in den informationellen Netzwerken „interne Sinnüberschüsse", die mit der traditionellen Begrifflichkeit der soziologischen Systemtheorie nicht mehr erfassbar sind. Neue Begriffe, wie 'Empirie der Abstraktion', der 'Unterscheidung des gesetzten Unterschiedes' und der 'medialen Selbstbefähigung' sollten in Zukunft auf ihre Nützlichkeit untersucht werden. Anstelle des überholten Gesellschaftsbegriffs sollten die „mediamorphen, infogenen und technogenen = m.i.t.-Welten" treten. Vor der 'Gesellschaft' gilt es, die Programme ihrer Entstehung, die 'infogenen Felder' zu untersuchen (vgl. ders., op. cit., 155). Die 'Gesellschaft' ist keine 'Gestalt', keine 'nervöse Erscheinung', kein Produkt von 'Soziobiologismen' oder basaler 'physico-chemischer Prozesse' oder Ergebnis eines 'Signalgeschehens', sondern das (Zwischen-) Ergebnis von „Zeichen-, Instrumental-, Technologie- und Informationsgeschehen" (ders., op. cit., 155). „[Die Gesellschaft, d. V.] ist ein komplexes Wirts- und Produktionssystem für vernetzte Anforderungen und Möglichkeiten von Menschen, Informationsströmen, Medien und Technologien. Gesellschaft ist ein Wirtssystem für Abstraktionen." (ders., op. cit., 155f.).

Das 'Soziale' ist also eine zwischenzeitliche Abstraktion. Nach Faßler ist es irreführend, die 'Gesellschaft' als eine 'Urform des Sozialen' (z. B. aus der 'Schwarmintelligenz' oder dem 'Sozialinstinkt') abzuleiten. Die menschliche Fähigkeit zur 'selbstbeobachtenden Abstraktion' ist demnach der richtige Ausgangspunkt, aber ohne Hilfe der „ärgerlichen Verkürzungen des Konzeptes 'Selbstorganisation',, (ders., op. cit., 156). Denn das Konzept der 'Selbstorganisation' ist äußerst anfällig für Fehlinterpretationen! Auch einen weiteren Grundbegriff der Soziologie, den der 'Gruppe', muss man neu einrichten. Die digitalen Netzwerke in den 'virtuellen Welten' werden von den weltweit verstreuten 'Projektgruppen' (den 'informationellen Populationen') getragen. Sie führen 'zufällige', 'zeitsweise' 'Communities of Project' zusammen, sie sind kaum noch in der traditionellen Subjekt-Objekt-Terminologie zu fassen. Die Subjekte werden nun 'smart' und die Objekte 'flüssig':

> „Der Terminus medienevolutionäre Populationen beschreibt, im hier verwendeten Sinne, Menschengruppen, die ortsansässig, territorial verteilt oder sogar weltweit zerstreut sich auf die Bedingungen von erfundenen Zeichen, Schriften, Sprachen, Speichertechniken, Wissenspools und Fragen einlassen.
> Diese Populationen sind nicht mit Bevölkerung identisch. Es sind neugierige, experimentell denkende und arbeitende Menschen – vielleicht könnte man sie als Innovationsträger von Kulturen beschreiben." (ders., op. cit., 161)

Haben wir schon wieder eine neue 'Elite'-Theorie?

Diese neue Elite lebt in 'zufälligen' und 'zeitweisen' Spaß- und Innovationsgruppen. Die Gruppenhierarchie läuft entlang der 'Erfindungsfähigkeit'. Diese Gruppen sind nicht unbedingt 'intelligent' im traditionellen Sinne, aber 'smart'. Diese „klugen Bevölkerungen" (Smart Populations) „erzeugen ein externes Fitness-Prinzip, dass der kollaborativen und prospektiven Informationsnutzung" (ders., op. cit., 163).

Hierzu gibt es leider wenige empirische Untersuchungen. Wie läuft z. B. das 'innovative', 'erhaltende', 'epistemische' und 'reproduktive' Verhalten im Detail ab? Diese Gruppen von 'Smartjects' bilden danach 'Superszenarien'. Die Erklärung ihrer Entstehung ist (nach Faßler) eine sinnvolle Forschungsaufgabe für die 'nach-gesellschaftlichen' Sozialforschung. Aber auch eine Veränderung des Menschenbildes kündigt sich an: aus dem 'Subjekt' wird das 'Smartject', dessen „Klugheit durch die kooperative Nutzung von Koppelungen entsteht" (vgl. ders., op. cit., 165). Die genauere Beschreibung dieses 'neuen Menschen' wird sich wahrscheinlich einigen theoretischen Schwierigkeiten gegenübersehen: z. B. den geheimnisvollen Begriff der 'Koppelung' zu enträtseln!

> „>>Smartject beschreibt (vielleicht) einen neuen globalen Typus von Individualität unter den Bedingungen netzmedialer Räume, Kooperations- und Anwesenheitsformen, instantaner Informationsströme und unsichtbar werdender digitaler Infrastruktur. Im Zentrum steht das biologische Individuum, das allerdings ohne (extern, durch organische, anorganische, künstliche, technische Umgebung) angesprochene Sinne, ohne (intern, gehirnphysiologisch) aktivierte Muster und ohne (extern, intersubjektiv) kommunikativ organisierte Modelle und Programme idiotisch vegetieren würde.
> Smartject ist also ein Umweltprodukt und diese Umwelt ist ohne digitale Informationsökonomien und künstlich (virtuell) zusammengesetzte Umgebungen nicht beschreibbar. Smartject beschreibt demnach kognitive, reflexive, kommunikative und entwerfende Fähigkeitsprofile von Menschen unter den Bedingungen informationstechnologischer Transformationen. 'Transformiert', also in andere verbindliche, glaubwürdige und verlässliche Formen überführt, werden nicht alle zwischenmenschlichen Zusammenhänge. Hier müsste differenziert werden zwischen non-verbal, mimetisch, direkt, (in)direkt via Webcam, Rendering etc. gegenüber Kommunikationsverläufen. Vor allem betreffen diese 'Transformationen' die informationellen und sozialen Verbindungen und Verbindlichkeiten. Mit der Betonung von 'sozialen Verbindungen' sind (inter-)aktionale Bindungen angesprochen, die für jeden Agenten eine Art Status-, Funktions-, Kooperations-Bestätigung darstellen." (ders., op. cit., 166)

Aus 'subjektiven Absichten' werden nun 'smartjektive'! Aus 'Normen' werden 'Formentscheidungen'. Der Mensch selbst wird zu einem 'Klugheitsverstärker'. Damit betätigt der Mensch nicht seine 'Schwarmintelligenz', sondern seine 'Kooperationsintelligenz' (vgl. ders., op. cit., 166). Wir Menschen bleiben allerdings von den digitalen m.i.t. Welten abhängig. Aber nun kann der Mensch zum ersten Mal die Welt der 'Untertanen', der 'Subjekte', verlassen (vgl. Flusser,

1989, 48). Unsere Einstellung zu unserer eigenen Identität (unserer 'Ek-sistenz') wird jedoch dadurch nicht 'entheiligt':

> „Im Gegenteil: das undurchblickliche Geheimnis der Fähigkeit, sich der Tendenz der Natur zum Zerfall entgegenzustellen und dies zu wollen, wird dadurch nur noch undurchblicklicher werden. Weil nämlich dann noch ersichtlicher wird als vorher, daß diese Fähigkeit (und dieses Wollen) letzten Endes verurteilt sind zu scheitern." (ders., op. cit., 55)

Die neue Informationstechnologie greift nach Meinung ihrer Befürworter/ Kenner tief in die alten Denk- und Lebensgewohnheiten der kommenden Generationen ein. Dies betrifft nicht nur die 'Produktion', sondern auch die sozialen Normen und die alten 'Wahrheiten'. Aus doppelten Kontingenzen werden unzählige: „Es entstehen Komplexitäten, die die Vorhänge der Rationalität zerreißen." (ders., op. cit., 175) Für die Zukünfte jener Sozial- und Kulturwissenschaften, die keine konzeptionelle Nähe zur modernen Technologie aufweisen, sieht es daher schlecht aus. Besonders aber die Soziologie ist aufgerufen, das 'Soziale' so neu zu definieren, dass es die 'informationelle Materialität' mit seinen 'infogenen Feldern' kategorial einschließt:

> „Wo und was ist aber Gesellschaft, wenn Realitätserfahrungen Netz- und Globalisierungserfahrungen sind, wenn die Lokalisierung der Akteure nicht mit festem Ort erfolgt, sondern ihre traceability, die elektronische Rückverfolgungen kaum mehr den Polizeien, geschweige denn den Soziologen gelingt? An welchen Zusammenhang sollte man 'glauben'? Es sind nicht mehr Akteure ohne festen Wohnsitz, Land- und Stadtstreicher, Obdachlose, die vom Panoptikum der ortsfesten Ordnungsblicke 'ausgeschlossen' werden (...). Alle Menschen sehen sich Technologien als Akteure, technofluiden Kopplungsverläufen zwischen Maschine-Mensch Programmen und Prozessen ausgesetzt, die die Zusammenhänge in bislang nicht analysierte Statuspassagen versetzen." (ders., op. cit., 177)

Die sozialen Erwartungen (und damit auch die sozialen Normen als 'erste' soziale Tatsachen) werden zukünftig durch Fernsteuerung und Fernpräsenz in der 'Mensch-Maschine-Interaktivität' bestimmt. Das menschliche Leben pulsiert zwischen 'Online'- und 'Offline'-Zuständen. Das Gesellschaftskonzept (ohne Kombinationstechnologien), wie dies die traditionelle Sozialwissenschaft (nach Meinung Faßlers) tat, hat nicht funktioniert. Wir sind nun (mit seiner Hilfe) dabei, die sozialen Lebenszusammenhänge neu zu beschreiben: „Information ist zur existenziellen und strukturellen, körperlichen, lokalen, globalen Währung geworden." (ders., op. cit., 178).

In der heutigen Soziologie wird der theoretischen Bedeutung des Informationsbegriffs nur in Luhmanns Systemtheorie in fortschrittlicher Weise Rechnung getragen: „Informationen sind Überraschungen, also Ereignisse, die keinen Bestand haben. Formal bezeichnet der Begriff der Information eine Selektion aus einem vorgegebenen Bereich von Möglichkeiten, und zwar eine Selektion, die einen Systemzustand verändert." (vgl. Faßler, op. cit., 181).

Aber auch die offensichtlichen Defizite der Luhmannschen Theorie könnten in einer zukünftigen „Anthropologie des informationellen Materialismus" (Faßlers) überwunden werden. Dabei muss man Information nun als 'Halbfertigprodukt' ansehen. Sie bezeichnen einen „Zwischenzustand, eingefügt zwischen technologisch-apparativ erzeugten oder gespeicherten Datenmassen und der formativen Gestalt" (ders., op. cit., 182). Jede Information ist selbst schon 'komplex' und transportiert 'Erwartungen'!

„Trotz allen festgestellten Nachhol- und Diskussionsbedarfes bleibt die Frage nach einer koevolutionären Empirie, nach dem unbeobachtbaren Werden von Form außerhalb der Ordnungskammern der Sozialwissenschaften liegen." (ders., op. cit., 183). Die Soziologie ignorierte demnach bisher jene Macht, welche die 'nach-gesellschaftlichen' Organisationen des menschlichen Lebens zu bestimmen beginnt: die Digitalität. Sie zerlegt die 'symbolisierte Kommunikation' (jene Grundstruktur jeder Sozialität) in ihre Einzelteile. Aus symbolischer Interaktion (à la G. H. Mead) ist „informationelle Interaktivität" (Faßler) geworden. Die Zukunft enthält nicht nur 'post-biologische', sondern auch immer 'post-symbolische' Elemente, auf die eine Sozialtheorie reagieren muss:

> „Die informationelle Interaktivität (Mensch-Medien/Mensch-Computer/face-file-face-Interaktivität) mausert sich zum vorherrschenden Muster der Kommunikation. Sie drängt die Bedeutungs- und Kanalisierungsansprüche symbolischer Interaktion zurück. Das symbolische Kleid der Zusammenhangsanrufung ist zerfleddert und darunter zeigt sich, was anthropologisch-modernes menschliches Leben zusammenhält: Daten und Informationen, Unterscheidungen und Interpretationen, Unterschiede und deren Deutung." (ders., op. cit., 186)

Nach der Lehre der 'Anthropologie des Medialen' (laut Gründervater) wird in der informationellen Interaktivität die traditionelle Form des 'Sozialen' überwunden. Die zukünftigen 'künstlichen Welten' werden nicht mehr durch 'symbolische', sondern durch 'diabolische' Fähigkeiten erzeugt (vgl. ders., op. cit., 187). Das 'Diabolische' wird als Voraussetzung des 'Symbolischen' erkannt. Was wir in den Menschenwissenschaften brauchen, sind mehr „unmoralische Erkenntnisse" (Faßler), denn – frei nach R. E. Park: „a moral man cannot be [a media] anthropologist" (vgl. ders., op. cit., 196) „(...) wenn er sowohl von der Biologie menschlicher Realität als auch der koevolutionären Dynamik unbeständiger abstrakt-künstlicher Verhältnisse ausgeht" (ders., ebenda).

Warum forscht Manfred Faßler so emsig?

Die digitalen Netzwerke erzeugen neue 'infogene Sichtbarkeiten', welche die 'Konvergenzen' zwischen dem Menschen und seiner m.i.t.-Welten beschleunigen: „Die mediamorphe Visualität wird zum instantan sich schaltenden Produktions-, Speicherungs-, Expressions- und Aussagesystem. Diese polylogische Visualität bezeugt Realität, die nur durch sie entstehen kann.“ (ders., op. cit., 208) Diese immer schneller werdenden Prozesse sind mit Begriffen „sozial-symbolischer Systeme“ nicht mehr erreichbar. Mit der neuen „unörtlichen“ Möglichkeit der Anwesenheit wandelt sich das Beziehungsnetz des biologischen Individuums zu seinen ‘Mitwelten’. Das soziale Verhalten spielt sich nun wesentlich in ‘Projekten’ und ‘Communities’ ab, und zwar sowohl privat als auch beruflich. Die Körperdaten des Menschen werden in „Datenkörper“ verwandelt (vgl. ders., ebenda). Der Mensch wird zu einem immateriellen, umweltlosen Hyperbelwesen (Sloterdijk).

Die Aktivierung des Visuellen in den Netzwerken stellt neue Aufgaben für eine ‘visuelle Soziologie’, wie die Einbindung des ‘denkenden Auges’ in die ‘Viskurse’ (vgl. Knorr-Cetina 2002), und daher eine eigene Forschungsstrategie bei der Erfassung von sozialen Verhaltensweisen. (Vor einigen Jahren hat eine Bielefelder Kollegin versucht, ‘Autopoiesis’ zu visualisieren. Die Ergebnisse hielt sie geheim! Die visuelle Intelligenz war nicht kommunizierbar.). Die von einem neuen Medienverständnis angeleitete ‘visuelle Soziologie’ wird wahrscheinlich in einem großen Bogen der Entideologisierung zu einem ‘längst überholten’ Gedanken der verhaltenstheoretischen (behavioristischen) Soziologie zurückkehren, nämlich der Beschreibung des menschlichen Verhaltens mit der Beobachtung von ‘Körperbewegungen’ zu beginnen.

Manfred Faßler aber will eine idelogische Mauer zu Fall bringen durch sein neues Paradigma einer ‘medialen Anthropologie’. Er stimmt jenen Autoren zu, welche die guten Zukünfte der Menschheit u. a. davon abhängig machen, inwieweit die traditionellen ‘Menschenwissenschaften’ sich für die Naturwissenschaften öffnen und deren Leistungen (im Gegensatz zum eigenen Versagen) endlich anerkennen:

> „…Damit bleibt nur noch eine Mauer in der Landschaft des Wissens stehen, jene Mauer, die die Sozialwissenschaftler des 20. Jahrhunderts so eifersüchtig bewachten. Sie teilt die Materie vom Geist, das Materielle vom Spirituellen, das Physische vom Geistigen, die Biologie von der Kultur, die Natur von der Gesellschaft, die Naturwissenschaften von den Sozialwissenschaften, den Geisteswissenschaften und den Künsten. …
> …Doch auch diese Mauer fällt. Neue Ideen von vier Fronten des Wissens – der Wissenschaft des Geistes, des Gehirns, der Gene und der Evolution – schlagen mit einem neuen Verständnis der menschlichen Natur Breschen in die Mauer.“ (S. Pinker, Das unbeschriebene Blatt, 2003, 53; zit. n. Faßler, op. cit., 261)

Es gibt durchaus auch Sozialwissenschaftler (wie den Diplom-Soziologen und SPSS-Experten Achim Bühl), die neben den Chancen der Computertechnologie auch deren Gefahren thematisieren (z. B. Computerkriminalität und das ‘Umkippen’ der Weltwirtschaft durch computergesteuerte Finanzmanipulation etc.).

Die Sozialwissenschaften warten noch auf konstruktive Beiträge der 'medialen Anthropologie' für die Analyse von 'sozialen Problemen' (der eigentlichen Aufgabe der Sozialwissenschaften). Vor diesem Hintergrund trübt sich die optimistische Perspektive schnell ein. Sieht das 'Smartject' nicht mehr, was in unserer Welt der Katastrophen vor sich geht? Die mediale Anthropologie hat ein geradezu fundamentalontologisches Desinteresse an menschlichen Leidenserzählungen. 'Avanti Dilettanti'! Wo bleibt der 'Erkenntnisspaß' (Faßler) bei der Analyse von Völkermord und Armut (durch konstruierte computergestützte Wirtschaftstheorie)? Produziert die neue Medienwissenschaft so die eigenen 'Legalitätsverluste' selbst? Aus der 'Entprofessionalisierung des Wissens' entsteht nun die 'Heilpraktik' der 'Smart Communities' und 'Smart Populations'. Sie erscheinen mir aber das interessanteste Konstrukt Faßlers zu sein – jenseits aller 'Wechselwirkungen' gegenseitiger ideologischer Verdächtigungen. Diese 'klugen Bevölkerungen' ('Leutenetzwerke') oder „transsozialen Communities of Projects" (ders., op. cit., 290) bilden vier Untergruppen: die Innovatoren, Konsumenten, Epistemologen und Reproduzenten (vgl. ders., ebenda).

Die Epistemologen werden in einer Gruppendiskussion über 'Grenzmanagement' darüber zu befinden haben, ob man Entstehungsbedingungen und Verwendung von Wissen ungestraft 'polylogisch' von 'Begründungen' abkoppeln kann.

Die Verabschiedung des 'alteuropäischen' Denkens bleibt ein Versprechen.

3. Die Soziologie und die Technik

3.1 Technikgenese und Techniksoziologie

Der Diplom-Soziologe und Professor für Techniksoziologie an der TU Berlin, Werner Rammert (*1949), ist der dritte Fachvertreter einer computerwissenschaftlich unterrichteten Soziologie, der hier daraufhin befragt werden soll, wie die modernen Informationstechnologien die Begriffsbildung und Kategorienwahl der Sozial- und Verhaltenswissenschaften beeinflussen. Werner Rammert nimmt eine Mittelstellung ein, zwischen fachspezifischer Grenzziehung (Bühl) und revolutionärem Vorgriff auf die Umwandlung aller sozialwissenschaftlichen Begriffe und Werte (Faßler). Er leitet den Einfluss des Computers auf die Wissenschaften von Menschen und deren alltägliche Praxis von den allgemeinen Ursachen und Folgen der technischen Entwicklung ab. Dabei versteht er 'Technik' als ein Thema, „das quer zu den wissenschaftlichen Disziplinen liegt" (Rammert, 1993, 3). Die Technik und die Informationstechnologie werden bei ihm zu einer soziologischen Teildisziplin und kein Einfallstor für die Gründung eines neuen Paradigmas, das alle traditionellen Sozial-, Human- und Geisteswissenschaften ersetzen könnte (wie dies Faßler propagiert). Technik wird hier unter dem Aspekt ihrer Genese (Erfindungen, Konstruktionen und Entwicklungen) sowie deren sozialen Auswirkungen (Technikfolgenabschätzung) untersucht (vgl. ders., op. cit., 9):

> „Unter Technik sind alle künstlich hervorgebrachten Verfahren und Gebilde, symbolische und sachliche Artefakte, zu verstehen, die in soziale Handlungszusammenhänge zur Steigerung ausgewählter Wirkungen eingebaut werden. Technik ist das gesellschaftlich institutionalisierte Ergebnis methodisch suchenden, bastelnden und erfindenden Handelns. Sie umfaßt sowohl das Inventar an Instrumenten und Installationen als auch das Repertoire an Kunstfertigkeiten und Kenntnissen, im Umgang mit der physikalischen, biologischen und symbolischen Welt intendierte Zustände zu erzielen und unerwünschte zu vermeiden." (ders., op. cit., 10)

Eine interessante Frage ergibt sich zunächst daraus, wie Sach- (Real-)technik (der Maschinen und Apparaturen) und die Handlungstechnik (der effektiven Handlungsmodalitäten) interagieren. Dabei ist es wichtig, die Grenzen zur allgemeinen Soziologie und Gesellschaftstheorie stets im Auge zu behalten. Der Techniksoziologie geht es dabei darum, die Grenzen und das Verhältnis von

Technik und sozialem Verhalten neu zu bestimmen – auch in der Absicht, sich von dem belasteten Blickwinkel der Klassiker (z. B. Durkheim und Marx) zu befreien. Insbesondere die Computertechnologie hat die theoretischen Anstrengungen, um die sozialen Implikationen der technischen Medien 'abzuschätzen' neu belebt:

> „Neben den veränderten Raum-, Zeit- und Wahrnehmungsschemata implizieren neue Techniken häufig auch ein neues Selbstverständnis des Menschen. Die mechanische Maschine hat sein Selbstbild als körperlich geschickte Arbeitskraft herausgefordert und den Menschen seine Identität in der intelligenten Operation suchen lassen; durch den Computer wird dieses Selbstbild gegenwärtig wieder erschüttert (Turkle 1984); die menschliche Identität wird über Körperlichkeit und Emotionalität bestimmt (Dreyfus 1972). Die symbolischen Funktionen von Technik sind insgesamt noch wenig untersucht (Hörning 1985), die sozialisatorischen Wirkungen ebenso wenig (Bammé u. a. 1983)." (ders., op. cit., 26)

Die Techniksoziologie sucht einen dritten Weg jenseits von Technikdeterminismus bei der Erklärung von sozialen Sachverhalten und andererseits 'wolkigen' Kulturanalysen, in denen die materiellen Bedingungen der sozialen Institutionen nur noch eine untergeordnete Rolle spielen. Für die Techniksoziologie bleibt jedoch hier die Aufgabe, die zentralen sozialen Sachverhalten aufzuklären: „Es sind die sozialen Mechanismen, kulturellen Einstellungen und Organisationsprinzipien von Gesellschaft, die Technik in ihrer Entwicklung prägen, und nicht umgekehrt die Technik, welche die Gesellschaft formt." (ders., op. cit., 36)

Gerade die technische Offenheit der Universalmaschine Computer macht ihn hochgradig anfällig für 'sozio-kulturelle Einbettungen', das heißt aber auch zugängig für organisierte Interessen und kulturelle Visionen (vgl. ders., op. cit. 48f.). Die technische Entwicklung und ihre Folgen für die Gesellschaft und das Individuum sollten nach Rammert unter einer doppelten Perspektive beobachtet werden: einmal geht es darum, die neuen Techniken als Handlungsaspekte verschiedener sozialer Akteure zu beschreiben. Zum anderen sollte man neue technische Erfindungen als einen sozialen Evolutionsprozess ansehen, „indem unterschiedliche Akteurkonstellationen und wechselnde institutionelle Kontexte für die Variation und Selektion von technischen Projekten sorgen" (ders., op. cit., 54).

Wichtig wäre dabei aber, den Begriff der sozialen Evolution weiterzuentwickeln! Dabei wird es schnell zum Problem, die 'analytische' und 'reduktionistische' Strategie der Wissenschaft mit der 'synthetischen' und 'holistischen' Betrachtungsweise der 'Technologie' zu verbinden (vgl. ders., op. cit., 76). Gibt es für beide Sichtweisen einen „gemeinsamen operativen Wahrheitsbegriff", in dem 'Erklären' und 'Erzeugen' „amalgamiert" sind, wie Rammert annimmt (vgl. ders., op. cit., 77)?

Die Versuche, die technische Entwicklung aus einer einseitigen Strukturperspektive (technische Effizienzsteigerung, kapitalistische Akkumulation, soziale Beherrschbarkeit usw.) zu beschreiben, sind nach Rammert der gegenwärtigen Gesellschaft nicht mehr angemessen. Was dieser Strukturtheorie fehlt, ist die 'Akteursperspektive', ohne diese „auf bloße Agenten utilitaristischen Kalküls zu reduzieren oder gar zu privilegierten Trägern der historischen Vernunft hochzustilisieren" (ders., op. cit., 99). Rammerts Ausweg zwischen dieser besonderen Form des methodologischen Sozialismus und methodologischen Individualismus ist die 'Interdependenztheorie' von Alain Touraine.

> „Das Handeln der Akteure in sozialen Situationen kann demnach nicht allein durch Widersprüche der Sozialstruktur oder durch ökonomische Gesetze des Systems erklärt werden. Die Beziehungen zwischen den Akteuren sowohl hinsichtlich ihres Konfliktpotentials als auch hinsichtlich ihrer kulturellen Orientierung bestimmen ihr Handeln, wobei zudem daran zu erinnern ist, dass der Akteur zur gleichen Zeit, in der er durch eine soziale Situation bestimmt wird, an ihrer Produktion und Reproduktion selbst beteiligt ist (Touraine 1984, S. 35). Die sozialen Akteure werden in dieser Erklärungsstrategie aufgewertet, ohne dass Illusionen über die bestehenden Macht- und Besitzstrukturen verbreitet werden. (...)
> Akteure sind kollektive Handlungseinheiten, die gleichsam unterhalb der Ebene gesellschaftlicher Strukturen und oberhalb einzelner Handlungen konzeptuell anzusiedeln sind. Sie zeichnen sich durch eine eigene Handlungsfähigkeit aus, die sie durch Koordinierung von Einzelhandlungen ihrer Mitglieder erreichen. Kollektive Handlungseinheiten können zwar nur durch ihre einzelnen Mitglieder handeln; diese Handlungen werden jedoch aufgrund ihrer Organisiertheit einem kollektiven Akteur zugerechnet. Von einem sozialen Akteur können wir dann sprechen, wenn er sich unter folgenden drei Aspekten eine beobachtbare Struktur gegeben hat: eine koordinierte Handlungsfähigkeit, wobei es ganz gleich ist, ob sie durch formale Organisationsstrukturen oder durch gerichtete Mobilisierungsbereitschaften erzeugt wird, eine sichtbare Interdependenz mit anderen Akteuren, die sich in der Form von Anerkennungen, Allianzen, Konkurrenzen oder Gegnerschaften äußern kann, und ein kulturelles Modell, in dem gemeinsam geteilte Interpretationen der Wirklichkeit und programmatische Zielorientierungen aufeinander bezogen sind.
> Zu solchen kollektiven Akteuren zählen wir demnach sowohl formale Organisationen, wie Unternehmen, Verbände, Parteien, Behörden und Forschungsinstitutionen, als auch durch kulturelle Orientierungsmodelle verbundene soziale Ensembles, wie Gruppen, informelle Netzwerke und soziale Bewegungen.
> Diese kollektiven Akteure begreifen wir als die gesellschaftlichen Instanzen der Wahrnehmung und Abarbeitung von Strukturproblemen. Sie erzeugen auf dem Hintergrund ihrer Erfahrungen, Interessen und kulturellen Orientierungen Interpretationsmodelle der sozialen Wirklichkeit und bilden in Lernprozessen Rationalitätsstandards für ihr Handeln heraus. Die Struktur der Interdependenzen, in denen sie sich befinden oder in die sie sich begeben, legt ihnen bei Gefahr des Misserfolgs oder Untergangs einerseits nahe, bestimmte bewährte Strategietypen für ihr Handeln zu wählen. Andererseits sind die kollektiven Akteure jedoch auch die sozialen Orte, an denen neue Strategien entworfen und erprobt werden, die sich bei strukturellen Veränderungen in der Umwelt oder bei Strategiewechseln anderer Akteure als überlegen erweisen können." (ders., op. cit., 100f.)

Vor allem aber benötigt (nach Rammert) die heutige Soziologie einen neuen Arbeitsbegriff, jenseits von „Stoffwechsel mit der Natur“ (à la Marx) hin zu einem ‘interaktionistischen’ Arbeitsbegriff – unter Einfluss genuin soziologischer Konzepte wie ‘Interaktion’ und ‘Kommunikation’ (vgl. ders., op. cit., 138), wobei sich die menschlichen Funktionen in der Arbeit nach ‘oben’ zu einer ‘kybernetischen Kontrolle’ verschieben (lt. Ganßmann 1987, vgl. ders., op. cit., 139): „Erst mit einem interaktionistischen Modell der Wahrnehmung, des Wissens und der Kommunikation, das die unfruchtbare Entgegensetzung von materialistisch und idealistisch hinter sich zurückließe (vgl. Mead 1968; Joas 1989; exemplarisch Suchman 1988 und Weingarten 1991), könnte die kritische Differenz zum kognitionstechnischen Modell der Informatik markiert werden.“ (ders., op. cit. 140)

Die Perspektive vom ‘Stoffwechsel der Gesellschaft mit der Natur’ verschiebt sich gegenwärtig hin zur ‘Regelung der Kommunikation’ (über Stoffwechsel, Wahrnehmung und Informationsverarbeitung; vgl. ders., op. cit., 144). Auch die rein instrumentalistische Sicht auf die Technik wandelt sich gegenwärtig durch den Einfluss der ‘Universalmaschine’ (Computer) hin zu einem ‘Medienkonzept’ (Rammert), welches das Konzept des ‘instrumentellen Handelns’ (Habermas) hinter sich lässt, denn die ‘Macht der Computer’ (und anderer Maschinen) bedeutet nicht gleichzeitig eine ‘Ohnmacht der Vernunft’ (dies könnte das Motto der Techniksoziologie von Werner Rammert sein). Aus der Technik des ‘Machens’ ist über die Technik der ‘Sache’ die Technik der ‘Informationsverarbeitung’ und der Kommunikation geworden (vgl. Rammert, 2007, 16f.). „Technik ist zutiefst konstitutiv für die Entstehung, Gestaltung und Erhaltung gesellschaftlicher Formen; sie ist nicht nur Umwelt der Gesellschaft.“ (ders., op. cit., 23) Rammert plädiert für eine pragmatische Sicht auf die Technik (seine Referenzperson ist John Dewey). Sie ist demnach eine „sachlich zwingende“ (und zeitlich wiederholbare) Form, „die sozial als Vermittler zwischen Wünschen und Wirklichkeit eingesetzt wird“ (ders., op. cit., 48). „Gesellschaft befindet sich also auch nicht außerhalb der Technik, sondern Gesellschaft steckt in den Maschinen.“ (ders., op. cit., 52)

3.2 Technik und Handeln

Für meine Fragestellung sind Werner Rammerts Forschungen über das Verhältnis von Technik und (sozialem) Handeln, welches er als „hybride Aktionszusammenhänge“ deutet, zentral (vgl. ders. 2007, 79). Besonders wichtig ist hierbei die Behandlung des ‘agency’-Problems. Seine Perspektive ist die der ‘Interaktivität’ der einzelnen technischen Elemente mit personalen und sozialen

Systemen näher zu bestimmen, das heißt wie Handlungen und Technik zusammen 'emergieren', und wie insbesondere die moderne Hochtechnologie auf die einzelnen Instanzen 'verteilt' ist. Die spannende Forschungsfrage steht dabei im Mittelpunkt, wie die zunehmende Aktionsfähigkeit ('agency') der technischen Artefakte sich in sachlichen, menschlichen und symbolischen, 'hybriden' Aktionszusammenhängen darstellt. Die Leitgedanken der Analyse sind die des 'sozio-technischen Handlungssystems', der 'künstlichen Intelligenz' und der 'Intentionalität'. Die Technik als 'Agentur' erscheint hierbei weder als nur sachliches Artefakt noch als nur 'symbolisches Schema' (vgl. ders., op. cit., 81). Pragmatisch betrachtet (entsprechend der unterlegten theoretischen Gesamtorientierung des Forschungsprogramms am amerikanischen Pragmatismus von John Dewey) stellt sich die Technik selbst als eine Agentur dar, welche wichtige Teile eines 'Aktionsprogramms verteilter Aktivitäten' ausmachen. Im Gegensatz zu den klassischen Maschinen ist die moderne Hochtechnologie durch 'Agentenschaft' und menschenähnliche 'Operationen' gekennzeichnet. Sie weist über das 'Funktionieren' der Maschine I hinaus. Die 'Universalmaschine' (der Computer), die Maschine II (Gotthard Günthers) verändert demnach grundlegend das Mensch/Maschine-Verhältnis:

> „Der Sachverhalt verändert sich, wenn technische Artefakte eine Auswahl aus verschiedenen Aktionsmöglichkeiten treffen können. Neuere Generationen von Servicerobotern sind in der Lage, den Weg, wie sie das Ziel erreichen, selbständig zu planen (vgl. Grunwald 2002). Auch wenn Hindernisse auf dem Pfad dorthin auftauchen, können sie unter Berücksichtigung der situativen Begebenheiten ihr Verhalten ändern. Damit erfüllen sie Anforderungen auf einer zweiten Ebene des Handelns, die wir mit 'Auch-anders-Handeln-Können' bezeichnet haben." (Rammert 2002).

Dieser Sprung auf eine höhere Ebene der Kontingenz der Aktivitäten wird noch deutlicher, wenn wir uns dem Beispiel aus der Künstliche Intelligenz-Technologie zuwenden. Sind Programme in der Regel nach dem Modell der Master-Slave-Architektur gebaut, beginnt mit der agentenorientierten Programmiermethode die Loslösung von fest verdrahteten oder eindeutig vorgeschriebenen Abläufen. Die so genannten Software-Agenten in agenten-basierten Systemen sind Programme, die ihre Aufgaben in relativer Autonomie ('autonomy'), ausgestattet mit dem Vermögen zur Reaktivität ('reactivity'), orientiert an Tätigkeiten ('pro-activeness') und unter Bezug auf andere Agenten ('sociability') (vgl. Rammert 1988, 91) ausführen. Zwar bleiben Programme weiterhin Algorithmen, aber durch ihre Schachtelung und offenere Verknüpfung entstehen Aktionsräume mit höheren Freiheitsgraden.

Es gibt sogar Software-Agenten, die auf der höchsten und dritten Ebene des Handelns in Aktion sind, auf der wir intentionale Erklärungen für das Handeln verwenden. Diese so genannten BDI-Agenten ('belief, desire, intention') operieren auf der Grundlage von Informationen und Instruktionen, die je nach Umständen die Funktion von Überzeugungen, Zielen oder Verpflichtungen haben. Ihr Verhalten wird durch diese intentionale Semantik gesteuert, was soviel heißt, dass Ziele beibehalten und aufgegeben werden können, dass Verpflichtungen so lange eingehalten werden, bis sie erfüllt sind oder aufgelöst werden. Das dabei beobachtbare Verhalten von solchen Software-Agenten lässt sich nicht nur am angemessensten mit einem intentionalen Vokabular im Sinne von Dennetts 'intentional stance' (1987) interpretieren, sondern es ist wirklich durch Algorithmen bestimmt, in die das intentionale Vokabular eingeschrieben ist.“ (ders., op. cit., 82)

Die Agentenschaft von Techniken verändert auch die Beziehungen der einzelnen Technologien untereinander. Die Postulierung einfacher Kausalbeziehungen wird den modernen Verhältnissen nicht mehr gerecht. Manche Autoren schlagen sogar vor, das 'mechanistische Vokabular' zu verlassen und von 'Interaktionen' und 'Kooperationen' der Agenten zu sprechen (insbesondere bei sogenannten Multiagentensystemen). So ging noch z. B. auch die klassische KI-Forschung von einem mechanistischen hierarchischen Integrationsmodus aus. Die moderne Forschung aber betont die 'parallele Verteiltheit' von Problemen, „deren Lösung durch verschiedene assoziative Koordinationsformen nebeneinander bearbeitet werden“ (ders., op. cit., 83).

Zwischen Mensch und Maschine besteht zwar keine 'Interaktion' (im Sinne der Soziologie), aber „Interaktivität“ (vgl. Kap. 2):

> „Je mehr die neue Technologie Eigenschaften der Eigenaktivität zeigt, desto angemessener lässt sie sich als Agent und nicht mehr als passives Instrument, als aktiver Vermittler und nicht nur als passives Mittel beschreiben. Je mehr technische Systeme aus solchen Agenten zusammengesetzt sind, desto angemessener wird ihre Beschreibung als Agentur, deren Wirken durch verteilte Prozesse und interaktive Koordination zustande kommt, desto unangemessener eine Beschreibung, welche von sequentiellen Wirkungsketten und mechanischer Integration ausgeht. Je mehr technische Systeme diesen Charakter als Agentur annehmen und mit verteilten Prozessen arbeiten, desto stärker erfordern sie auch ein verändertes Verständnis der Beziehung zu den menschlichen Akteuren, die sie konstruieren und anwenden. Der Entwurf und die Nutzung vernetzter technischer Systeme bringt die Menschen in ein stärker spielerisches und erprobendes Verhältnis der Interaktivität zur Technik, das selbst als Teil der Systemperformanz mitreflektiert und mitgestaltet werden muss.“ (ders., op. cit., 84f.)

Im Gegensatz zu traditionellen geistes- und sozialwissenschaftlichen und auch naturwissenschaftlichen Ansätzen, versucht Rammert die 'dualistische' Aufteilung der 'intersubjektiven Welt' (in 'Intersubjektivität' und 'Interobjektivität') zu überwinden und plädiert für eine Betrachtungsweise, welche die „Besonderheiten hybrider und heterogen vernetzter Gesamtsysteme angemessen“ erfasst (ders., op. cit., 85). Der fruchtbare Weg der Forschung muss danach eine Mitte einhalten zwischen 'Objektwelt' und 'Subjektwelt' und muss sich auf die

Teilung der Aktivitäten konzentrieren und dem 'Singularismus' der Sozial- und Verhaltenswissenschaften ('Ein Akteur – eine Aktion') überwinden. Entscheidend ist hierbei, sich auf 'parallele' (statt 'sequentielle') Problembearbeitungen zu fokussieren und einen Rahmen der 'Selbstorganisation' der Abläufe zu finden, welcher es dann ermöglicht, die Verteilung der Aktivitäten auf Menschen, Maschinen und Programme (je nach Situation) genauer zu beschreiben (vgl. ders., op. cit., 88).

Diese Forschungsstrategie scheint äußerst fruchtbar und zukunftsträchtig zu sein – auch jenseits von revolutionären Großentwürfen und neuen Paradigmata. Die zentrale Frage ist demnach, wie sich (soziales) Handeln auf menschliches Verhalten und technische Abläufe verteilt (vgl. ders., op. cit., 91). Das heißt auch, dass der klassische soziologische Handlungsbegriff (z. B. der Max Webers) modifiziert werden muss. In der Realität 'funktioniert' die Maschine nicht nur und der Mensch 'handelt' nicht nur 'sozial', sondern – wie ein kurzer Blick auf das Alltagleben zeigt – die menschliche Existenz (das Dasein) ist ein 'Geflecht' gemischter Aktivitäten. Was wir hier stets beobachten ist ein „Mit-Handeln technischer Artefakte" und ein „Mit-Funktionieren menschlicher Akteure" (vgl. ders., op. cit., 92). Menschen handeln anders als Maschinen. Aber diese können viele menschliche Verhaltensweisen 'nachahmen'. Technische Agenten interagieren anders als Menschen. Aber deren soziales Verhalten kann für technische Abläufe genutzt werden. Techniken sind anders 'intelligent' als Menschen. Sie verweisen uns jedoch darauf, dass die Intelligenz nicht nur im Subjekt ihren Sitz hat, sondern auch „in der Interaktion, also in Kollektiven oder gar Gesellschaften oder Programmen" (ders., op. cit., 95; vgl. Kap. 2). Intelligenz muss heute als 'verteilte' Intelligenz thematisiert werden (auf menschliche und nicht-menschliche Elemente), das heißt u. a. in gewissem Sinne können Computer 'denken' und auch Maschinen 'handeln'!

Dies sieht man sofort ein, wenn man für 'Denken' und 'Handeln' operationale Definitionen sucht:

> „In Analogie zur pragmatischen Auflösung der Frage nach der Natur des Denkens können wir die Frage nach der Natur des Handelns folgendermaßen umformen: Es geht wiederum nicht um die metaphysische Frage, ob Maschinen überhaupt handeln können, sondern wann und wie wir Handlungseigenschaften und Interaktionsfähigkeiten ihren Trägern zuschreiben und wie wir diese Träger als mögliche Träger von Handlungseigenschaften identifizieren." (ders., op. cit., 97)

In der Soziologie gibt es neuerdings eine Art radikaler Gegenbewegung gegen die 'Sach- und Technikvergessenheit' der traditionellen Handlungs- und Gesellschaftstheorie. Jetzt auf einmal treten die 'Sachdominanz in der Gesellschaft' (vgl. Linde 1972) und die 'Technik als Körper' aus ihrem Schattendasein hervor. Besonders stimulierend waren hier die Arbeiten von Bruno Latour (1992, 1995, 1998), in denen er versuchte, sowohl für menschliche als auch für nicht-menschliche Akteure (Aktanten) ein gleiches Begriffssystem zu entwickeln.

Werner Rammert aber entwickelte einen Ansatz, der sowohl mechanistische als auch soziologistische Übertreibungen vermeidet. Ausgehend von einer praktischen und sozialkonstruktivistischen Voreinstellung suchte er „ein Konzept gradualisierten Handelns zur Beschreibung verteilten Handelns in soziotechnischen Konstellationen“ (ders., op. cit., 109). Zur Darstellung des komplexen Gedankengangs verwende ich die nachfolgende Kreuztabelle (vgl. ders., op. cit., 103). Die vertikale Unterteilung unterscheidet zunächst ‘deskriptive’ und ‘normative’ Konzepte, dabei zielt ‘normativ’ eher auf „ein theoretisch erzwungenes als ein durch unverzerrte Beobachtung ermöglichtes Forschungsergebnis“ (ders., op. cit., 107). Klug vermeidet Rammert den tieferen Einstieg in die ‘Seins-Sollen’-Debatte – ebenso jene über die Frage, wann ‘Sozialkonstruktivismus’ zum radikalen Konstruktivismus (mit dessen Selbstvernichtungspotential) führen muss. Die ‘Konstruktion’ von Maschinen ist etwas anderes als die ‘Konstruktion’ von Theorien.

Bei letzteren fehlen oft die ‘Blaupausen’!

		Handlungsträgerschaft von Technik als Resultat von Be- und Zuschreibungen	Handlungsträgerschaft als beobachtbare Eigenschaft der Technik
deskriptives Konzept	jede Technik	(1) The Media Equation (Reeves/Nass)	(2) technisch verfestigte Handlungsmuster (Linde); Aktanten (Callon/Latour)
	avancierte Technik	(3) Turing-Test; ELIZA (Weizenbaum); Julia (Foner)	(4) technische Imitation mimeomorphen Handelns (Collins/Kusch)
normatives Konzept	jede Technik	(5) generalisierte Symmetrie (Callon/Latour); Cyborg-Mythos (Haraway)	(6) (jede Technik, die verändernd wirksam wird)
	avancierte Technik	(7) Ascribing Mental Qualities to Machines (McCarthy); Intentional Stance (Dennett)	(8) Robotik; Agenten-Technologie; Sozionik

Abbildung 4: Kreuztabellierung nach den Dimensionen zuschreibungsbezogen/eigenschaftsbezogen, deskriptiv/normativ und jede Technik/avancierte Technik (ders., op. cit., 103)

Zeile (1) bezieht sich auf sozialpsychologische Forschungen zur Attributionstheorie, wonach technische Abläufe häufig mittels sozialer Kategorien beschrieben werden; (2) erinnert an das Substitutionsargument der Akteur-Netzwerk-Theorie, wobei es Latour im wesentlichen um die Rekonstruktion menschlichen Handelns und des Verhaltens von Aktanten und einer Neubestimmung des Zusammenhangs der 'Dinge' geht, um so eine 'neue' Soziologie vorzubereiten (vgl. Kap. 4). Auf zwei berühmte Versuchsanordnungen des Erfinders der Universalmaschine (Alan Turing) und der technischen Psychotherapie (Weizenbaum) verweist (3), welche beide die Computerwissenschaft in sehr unterschiedliche Entwicklungsrichtungen beeinflusst haben. (4) Callon und Kusch problematisierten (zusammen mit vielen anderen Autoren) das Verhältnis von menschlichem Handeln und dem Verhalten von Maschinen (vgl. hierzu auch die Arbeiten der Brüder Dreyfus, der eine Philosoph und Heidegger-Interpret, der andere Informatiker; diess., Künstliche Intelligenz 1987). Bruno Latour versuchte zu zeigen (5), dass eine 'neue' Soziologie einer neuen 'symmetrischen' Begrifflichkeit bedarf, welche technische (nicht menschliche) und menschliche Akteure gleichberechtigt behandelt. Dabei ist nach Rammert zu beachten, dass dies nur zu einem 'schwachen' Handlungsbegriff führen wird. 'Typisch menschliche' Handlungsweisen (wie Intuition und absichtsvolle Reflexion) sind hiermit nicht zu erfassen. Viele, durchaus nicht rudimentäre Handlungen des Menschen (z. B. reaktives, routinegesteuertes, spontanes Verhalten) gleichen andererseits häufig in verblüffender Weise dem Verhalten von Maschinen. Auch darin zeigt sich die Notwendigkeit, die starre Grenzziehung zwischen den Kategorien 'Technik' und 'Handeln' neu zu bestimmen. Andererseits ist die rein 'mechanistische' Beschreibung komplexer Technologien schnell derart umfassend, dass die ursprüngliche geisteswissenschaftliche Begriffsbildung, z. B. 'Intentionalität', wieder nutzbringend angewandt werden kann (7):

> „Ist das intentionale Vokabular als Beschreibungssprache für das Verhalten komplexer technischer Systeme erst einmal etabliert, so ist der nächste Schritt nicht mehr weit: dieses Vokabular nun auch als Konstruktionssprache einzusetzen (Feld 8). Genau dies geschieht in der Robotik und der avancierten Software-Technologie in der Tat. Ein prominentes Beispiel ist die so genannte BDI-Architektur in der Agenten-Technologie. 'Agent' ist der in der KI-Forschung inzwischen allgemein gebräuchliche Begriff für eine Software-Einheit, die über bestimmte, von ihr selbst gesteuerte Aktionsprogramme verfügt und in der Lage ist, ihre eigenen Aktionen unter Berücksichtigung des Verhaltens ihrer Umwelt und gegebenenfalls in Abstimmung mit ihrer Umwelt (insbesondere: mit dem Verhalten anderer Agenten und dem menschlicher Interaktionspartner) selbständig auszuwählen. Ein BDI-Agent ('BDI' steht für 'belief, desire, intention') ist einer bekannten Definition zufolge 'an entity whose state is viewed as consisting of mental components such as beliefs, capabilities, choices, and commitments. These components are defined in a precise fashion, and stand in rough correspondence to their common sense counterparts.' (Shoham 1993: 52)" (ders., op. cit., 108)

Die Zuschreibung von 'Intention' (aufgrund von Beobachtung, wie beim Menschen auch) wird nun zu einer Eigenschaft des technischen Agenten, der mit seinem menschlichen Partner fast gleichberechtigt 'interagiert'.

Die Tabelle thematisiert die drei Grundfragen des Verhältnisses von Technik und menschlichem Verhalten (Handeln): 1. einmal die nach der Wahrnehmung und Nutzung der technischen Artefakte durch den Menschen; 2. zum anderen die, wie Technik soziale Zusammenhänge erzeugt und aufrechterhält; 3. schließlich die, inwieweit sich technisches Verhalten dem menschlichen Verhalten annähert (und in welchen Bereichen; vgl. ders., op. cit., 109). Nach Rammert ist die Techniksoziologie auch ein Erinnern an die Ursprünge der Zivilisation, als Mensch und Technik noch nicht als getrennte Bereiche wahrgenommen wurden. „Technisches Herstellen und soziales Lernen" gingen bei unseren Vorfahren stets zusammen, „die List instrumentellen Handelns und das Bedürfnis kollektiver Sinngebung" waren noch verschmolzen (ders., op. cit., 110).

Ist das heute auch noch so? Bruno Latour hat hierauf eine Antwort versucht. Die Technikdebatte scheint eine Wiederholung der traditionellen 'Naturalismusdebatte' zu sein (vgl. Kap. 4.2).

Kann eine 'aufgeklärte' Lerntheorie aus den chaotischen 'Wechselwirkungen' einer „vergesellschafteten Natur" und einer „naturalisierten Gesellschaft" herausführen? Auch kann sie vielleicht dabei helfen, zu sehen, wer/ wohin im 'Handlungsstrom' schwimmt und bestimmen, wo eine Handlung 'anfängt' und eine andere 'aufhört'.

Nun ist es aber richtig, dass die 'subjektorientierte' Handlungstheorie den 'neueren Technik-Mensch Dualismus begünstigt hat. Aber es scheint andererseits bis heute so, dass so unterschiedliche und umfassende Weltinterpretationen wie Heideggers Fundamentalontologie ebenso wie Luhmanns Systemtheorie den Subjektbegriff nicht überwinden konnten (vgl. Harbach 2004, 153ff.; ders., 2008, 262ff.). Die Frage bleibt, wie man die scheinbar neuen Begriffe der 'Wechselwirkung' (Simmel u. v. a.) und 'Verteiltheit' weniger beliebig formulieren kann. Auch ist es eine erkenntnistheoretische Illusion, dass ohne begriffliche Voraussetzungen aus einem empirischen Sachverhalt (z. B. einem vorhandenen sozialen Raum) eine Eigenschaft unmittelbar 'erschlossen' werden kann, wie dies die Phänomenologie erfolglos versuchte (zu gegensätzlichen Meinungen vgl. Rammert 2007, 110ff.). Als heuristisches Verfahren erscheint die Strategie der Techniksoziologie aber äußerst fruchtbar. Ein Tipp des Laien wäre, in diesem Zusammenhang die 'Phasenübergänge' zwischen technischem und menschlichem Verhalten genau zu bestimmen (aufsteigend von 'Körperbewegungen' bis hin zu 'Intentionen'). Wie müssen die einzelnen Akte (technisch und menschlich) zueinander angeordnet sein, damit sie zu einer Gesamthandlung 'emergieren' können?

Ist aber 'Emergenz' eine Eigenschaft oder eine Konstruktion eines bestimmten Beobachters (nach der Handlung)? Ist der Emergenzbegriff für eine Prognose überhaupt nützlich?

Um seinen 'gradualisierten' Handlungsbegriff näher zu bestimmen, bedient sich Rammert des 'Drei-Ebenen-Modells' von Giddens (1992/1995) – aber ausdrücklich gegen dessen Intention!, um das Problem der 'agency' (der Handlungsträgerschaft) in seiner Verteilung auf Mensch und Technik zu formulieren: „Auf der untersten Ebene ist Handeln die 'Fähigkeit ..., einen Unterschied herzustellen zu einem vorher existierenden Zustand oder Ereignisablauf' (Giddens 1992: 66). Auf der mittleren Ebene ist Handeln bestimmt durch das Merkmal, dass der Akteur 'in jeder Phase einer gegebenen Verhaltenssequenz anders hätte handeln können" (ebd.: 60). Und auf der voraussetzungsreichsten dritten Ebene schließlich ist das maßgebliche Bewertungskriterium, dass die Akteure 'in der Lage sind, für ihr Handeln in aller Regel eine Erklärung abzugeben, wenn sie danach gefragt werden' (ebd.: 56)." (vgl. Rammert, op. cit., 113).

Eine Handlung steigt auf von einem 'schwachen' Begriff (der Bewegung) zu dem eines (starken Begriffs) des 'freien' Handelns und dem der 'Kontingenz' der Handlungssituation. Mensch und (Denk-)Maschine gleichen sich immer mehr an. Interaktive Computerspiele scheinen die Zukunft anzukündigen!

Gewinnt doch der Computer seine 'Menschenähnlichkeit' durch seine zunehmende 'Lernfähigkeit'?

Aber auch menschliches Verhalten wird vielfach von nicht-gelernten Programmen gesteuert! Auf der dritten Ebene (der Intentionalität und Reflexivität) verhalten sich die technischen Agenten so, als ob sie Intention und Reflexion besäßen.

Was aber bedeutet das 'als ob'? Versucht der Computer, uns zu 'täuschen'? Kann ein 'pragmatistisches' Verständnis hier weiterhelfen? Kann es den wechselseitigen 'Reduktionismus'-Vorwurf überwinden?

Nach Rammert wird so die 'agency'-Bestimmung zu einer 'fachabhängigen' empirischen Frage: „Damit kann die Frage, was Maschinen können oder nicht können, jenseits begrifflicher und ontologischer Setzungen, dafür aber in Abhängigkeit vom Stand der technischen Entwicklung und der Art und Weise ihrer gesellschaftlichen Deutung und Nutzung diskutiert werden." (ders., op. cit., 115). Demnach macht es keinen grundsätzlichen Unterschied, ob sich 'agency' auf menschliches Verhalten (Handlungen), physikalische Bewegungen oder 'zeichenhafte Operationen' ('als mediale Träger') bezieht (vgl. ders., op. cit., 116). Man gewinnt so einen neuen Handlungsbegriff, der sowohl über den mechanistisch-reduktionistischen Begriff der Akteur-Netzwerk-Theorie (Latour) als auch über den konstruktivistisch-phänomenologischen Begriff der soziologischen Handlungstheorie hinausgeht. Die Frage nach der Logik von Attributions- und Zurechnungsprozessen bei der Bestimmung von gradualistischen Handlungen bleibt dabei zunächst ausgeklammert. Ist etwas 'Zu-Geschriebenes' nur etwas 'Zu-Gedachtes' und beginnt damit das (Sprach-) 'Spiel der Episteme' von neuem?

Wenn menschliche Akteure auch nur 'soziale Konstruktionen' sind (wie die Soziologie behauptet), dann sind es Maschinen auch – in dem Sinne, dass wir über den Austausch von Beobachtungen (Lernen) mit anderen Gruppenmitgliedern uns darüber verständigen, was wir tun können, und was auch Maschinen tun können (und auch nicht tun können) – aber auch nicht tun sollten!

Nach Rammert ist in Zukunft 'agency' die zentrale Kategorie der Soziologie – und nicht menschliches Handeln (vgl. ders., op. cit., 122).

So könnte z. B. eine moderne Forschungsfrage lauten: Welcher menschliche Agent hat in der heutigen Finanzkrise (die wesentlich von Computern 'errechnet' wurde) jenes Programm geschaffen, welches die 'Selbstorganisation' von unfreundlichen 'softbots' ermöglicht hat?

3.3 Soziologie und Sozionik

Ein weiteres interessantes Forschungsfeld, das von Rammert und seinen Mitarbeitern (insbesondere Thomas Walsch) bestellt wurde, ist das der Sozionik:

> „Sozionik ist ein interdisziplinäres Forschungsfeld zwischen Soziologie und Künstlicher Intelligenz (KI). Dabei geht es um die Frage, ob und wie es möglich ist, kommunikations- und kooperationsfähige Computerprogramme zu entwickeln, die sich am Vorbild der menschlichen Gesellschaft orientieren. Ähnlich wie man sich in der Bionik biologische Körperfunktionen zum Vorbild für technische Konstruktionen nimmt, stellt man sich in der Sozionik die Aufgabe, soziale Abläufe und Strukturen als Anregung für die Gestaltung verteilter Computersysteme zu nutzen. Das passt zum Zeitgeist, denn wir können seit einigen Jahren einen tiefgreifenden Wandel im technologischen Leitbild von Entwicklern und Anwendern beobachten: Es ist nicht mehr das elektronische Gehirn des einsamen Superrechners, sondern es ist die Vision einer elektronischen Gesellschaft weltweit vernetzter Rechnersysteme, die einer neuen Generation von Computertechnologien ihren Stempel aufprägen wird." (website der Gesellschaft für Informatik e.V., www.gi-ev.de)

Das neue Forschungsfeld ist eine Informatiksparte, die aus dem Geist der Wissenssoziologie geboren wurde, oder, wie Werner Rammert sich ausdrückt, wenn man den 'Turing-Test' durch einen 'Durkheim-Test' erweitert (vgl. ders. 1995, 19), das heißt die soziologische Betrachtungsweise in die KI-Forschung einführt. Ein wichtiger Schritt hierbei war es, den psychologischen Intelligenzbegriff zu einem soziologischen zu erweitern: „Intelligenz wird als ein kollektives Phänomen angesehen: Sie steckt nicht im Einzelnen, sondern in den Beziehungen zwischen ihnen. (…) Sozialität – so könnte man es zugespitzt formulieren – ist selbst eine Form kollektiver Intelligenz.“ (Rammert 2007, 173).

Das Programm der Sozionik ist auch ein Versuch, die „Gesellschaftsblindheit“ der Computerwissenschaften (nach der „Technikvergessenheit“ der Soziologie) zu überwinden. In der Sozionik wird an den Gedanken angeschlossen, dass ‘Intelligenz’ etwas ‘Verteiltes’ darstellt, das sowohl in dem Einzelmenschen, der Sozialität sowie in ‘Maschinen’ und Computerprogrammen (z. B. in den Multiagenten-Systemen) zu finden ist. Die Sozionik versuchte so, die vielen Sozialmetaphern der Technologiebeschreibungen explizit zu machen. Die neue Disziplin bewegt sich zwischen „Agentenkonstruktion“ und „Gesellschaftskonstruktion“. Der theoretische Blick ist hierbei besonders auf das Konzept der ‘Kooperation’ als ‘emergentes’ Phänomen gerichtet:

> „Multiagenten-Systeme können zwar von sozialen Prinzipien der Arbeitsteilung, des sozial verteilten Problemlösens und der Koordination heterogener Aktivitäten profitieren, indem sie neue Mechanismen und Konstruktionsprinzipien entwickeln; aber wenn wir oben schon festgestellt hatten, dass das Wissen weder im System noch im Nutzer verortet werden kann, müssen wir im Hinblick auf das verteilte Wissen davon ausgehen, dass es nicht nur im System verteilt sein kann, sondern dass von einer Verteiltheit zwischen menschlichen und nichtmenschlichen Nutzern ausgegangen werden muss. Solche Form der Verteiltheit bezeichnen wir in der Sozionik als offene hybride Systeme (vgl. Malsch u. a. 1997; Burkhard/Rammert 2000).“ (ders., op. cit., 161).

Die Sozionik ist ferner eine Antwort auf die Herausforderungen der Informatik an die ‘Geisteswissenschaft’ Soziologie. Ein theoretisch gewagter Versuch ist dabei die Parallelisierung des ‘impliziten Wissens’ in der Soziologie (z. B. als ‘Kultur’ oder ‘Lebenswelt’) und der ‘Hochtechnologie’ (vgl. ders., op. cit., 162ff.). Die Modifikation des Begriffs ‘implizit’ zur ‘nicht-explizit’ erzeugt fundamentalontologische Assoziationen. Die Frage scheint auf das Problem hinauszulaufen, wie man ‘praktisches’ Wissen und ‘praktisches’ Handeln näher zueinander in Beziehung setzen kann, ohne die Grundfragen des ‘Pragmatismus’ freilegen zu müssen! Wie kann man aus der zunehmenden ‘Verteilung’ des Wissens auf ‘versteinerte’ mediale Träger und neue virtuelle Räume zu einer ‘rationalen’ Wahl ‘vor Ort’ kommen? Brauchen wir eine neue ‘Intuitionsfähigkeit’ (für Netzwerke)? Aber wie kann man in Zukunft eine typisch soziologische Haltung der ‘Kritik’ gegenüber der ‘Macht der Computer’ organisieren? Was werden die Nachfolger von ‘Deep Blue’ niemals können? Wird die Sozionik, indem sie soziologische Konzepte zu Computerprogrammen implementiert, eines Tages Vorschläge für eine ‘bessere’ Gesellschaft machen können? Führt der Weg von einer ‘intelligenten’ Technik hin zu intelligenten

Formen der Sozialorganisation? Ist das eine neue 'Operationalisierung der Vernunft' – 'kognitiv' und 'moralisch'?

Die Ergebnisse der Spieltheorie über optimale Kooperationsformen nährt unsere Hoffnung. Die Verteilung der Intelligenz auf die 'Maschinen' ist sicherlich auch das Resultat der (schmerzlichen) Erfahrung mit der menschlichen Intelligenz. Das Sozionik-Programm selbst ist eine weitere Ausdifferenzierung des Konzepts des 'verteilten Handelns' (s. o.), des 'Mithandelns' der Technik, das heißt der Auflösung der unfruchtbaren Trennung von sozialen und technischen Systemen. Leider wird diese Brücke eher vom 'soziologischen Ufer' aus gebaut – die Ingenieure und Computerwissenschaftler sind hier eher zurückhaltend! Die Arbeiten von Werner Rammert zur Techniksoziologie könnten hier ein Umdenken provozieren. Seine disziplinübergreifende Frage jedoch bleibt fruchtbar: „Wie sind Initiative und intelligente Aktivitäten in einem hybriden soziotechnischen System auf Menschen, Maschinen und Programmen zu verteilen, sodass wir sicher und selbstbestimmt leben und arbeiten können?" (ders., op. cit., 178)

3.4 Paradoxien der Informatisierung

Paradoxien kann man bekanntlich sowohl negativ als auch positiv interpretieren. Negativ sind sie 'widersinnig', 'unlogisch', 'unglaubhaft' und 'behindernd' für den Erkenntnisfortschritt. Besonders die rationalistischen Schulen der Erkenntnistheorie in den Sozial- und Verhaltenswissenschaften führen in ihrem kritischen Repertoire die entsprechenden Begriffe. In positiver Perspektive sind Paradoxien Aufforderungen, den problematischen Sachverhalt erneut (u. U. 'tiefer') zu durchdenken und sich der 'Überraschung' zu stellen. Paradoxien stellen häufig gängige Alltagserfahrungen (und Hintergrundwissen der 'Lebenswelt') in Frage. Paradoxien können (manchmal) – sofern es sich nicht um 'echte' Widersprüche (Antinomien) handelt – (nach traditioneller Denkweise) durch 'Entparadoxierung' aufgelöst werden, um 'Anschlussfähigkeit' zu erreichen. Dies kann u. a. durch Änderung der Beobachtungsperspektive geschehen. Wie aber kann man einen solchen Perspektivwechsel begründen, um eine 'nichterwartete Wahrheit' zu bezeichnen?

Beobachterzentrierte Theorien (wie z. B. Luhmanns Systemtheorie) enthalten eine tiefgehende Problematik, da das Beobachtungssystem selbst ein 'Konstrukt' ist, welches eine 'Parallelwelt' erzeugt (vgl. Harbach 2004, 119ff.). Um der Sackgasse des Radikalen Konstruktivismus (infiniter Regress und 'Unendlichkeit des Enthaltenseins') zu entkommen, gibt es einen Ausweg: die logischen Widersprüche der Paradoxien in einer 'mehrwertigen' Logik aufzulösen (wie Gotthard Günther dies vorgeschlagen hatte). Der Vorschlag, die mehrwertige Logik auch zur Grundlage sozial- und verhaltenswissenschaftlicher Theoriebildung zumachen, wird jedoch nur überraschend selten aufgenommen. Die beobachterzentrierten Theorien denunzieren manchmal 'wahren Aussagen' zu 'nützlichen Fiktionen'. Sind diese nun ebenfalls nur 'nützliche Fiktion'? fragte Richard Rorty 1997, 6.

Durch die Übersetzung fast aller menschlichen Aktivitäten (des Denkens und Handelns) in formale Symbolsysteme werden nach einer weitverbreiteten Meinung die 'informellen' Aspekte der 'Lebenswelt' ausgehöhlt: „Wissen wird vom Situationsbezug abgelöst, und sprachliche Verständigung wird von ihrer Mehrdeutigkeit entschlackt." (ders. 1993, op. cit., 269)

Für viele Kulturkritiker sind es eben diese 'Schlacken', die unser Leben ausmachen! Durch die Formalisierung werden die Interaktionen 'rationalisiert', einige sogar 'wegrationalisiert', wie dies schon David Hume über den Zusammenhang von 'Liebe' und 'Gerechtigkeit' vermutet hatte. Kann 'Liebe' also in Zukunft geboten werden, wie dies schon Immanuel Kant apodiktisch (aber eigentlich 'bedauernd') früher in Abrede stellte (vgl. Harbach 1992, 35ff.)? Die Formalisierung macht Liebe und Freundschaft immer mehr zu einer (beobachtbaren) 'Austauschrelation'.

Der Computer verändert das Alltagsleben nicht einfach nur durch neue Techniken, sondern bewirkt eine Rationalisierung und 'Methodisierung' der Lebensvollzüge: „Wesentlich wichtiger ist in diesem Fall die Technisierung im Sinne einer 'Methodisierung' von Kommunikationsabläufen, d. h. ihrer Umformung in Sequenzen rein formaler Aussagen, die von anderen Sinnbezügen entlastet sind und die nach Operationsregeln eindeutig und automatisch verarbeitet werden können." (Rammert 1993, 269)

Effizienzsteigerungen in einigen Arbeitsbereichen scheinen die 'Lebensqualität' in anderen zu schmälern. Für die optimistischen Visionäre der technologischen Modernisierung (z. B. Manfred Faßler) sind dies 'Fehlschlüsse', die in einer überkommene Industriefeindlichkeit gründen. Eine am Tage liegende 'Paradoxie' ist nun allerdings der Abgrund zwischen positiven und negativen Prognosen über die Auswirkungen der Computertechnologie auf das Alltagsleben und den Bestand an empirischen Forschungsresultaten. Während für einige Beobachter der Computer das „Vehikel der Modernisierung und psychischen Mobilisierung des Individuums (…) angesehen" wird (ders., op. cit., 273), befürchten andere:

> „dass nun auch die Privatsphäre, das familiäre und das gemeinschaftliche Leben den funktionalen Anforderungen der industriell-ökonomischen Kernsysteme untergeordnet werden. Mit der Vernetzung der Computer steige die Abhängigkeit der privaten Haushalte von den Produzenten, Bürokratien und Betreibern der Versorgungssysteme. Außerdem verdrängten die dann

> vorherrschenden ökonomischen Leistungs- und Zeitvorstellungen zunehmend Normen und Werte familialer und lokaler Kulturen. Es entstünde ein Zwang zur Rationalisierung des Alltagslebens nach dem industriellen Paradigma (vgl. Janshen 1980). Auch die Kommunikation werde in kommerzielle und programmierte Bahnen gelenkt. Der Raum für eigene Erfahrungen und direkte Kommunikation werde zunehmend von medienvermittelten Erfahrungswelten besetzt, das Terrain für die Kultur- und Bewußtseinsindustrien werde erweitert (vgl. Eurich 1980).“ (ders., op. cit., 274)

Die ‘soziale Vernunft’ wird demnach entmündigt und die ‘Lebenswelt’ wird immer mehr in ein instrumentelles System integriert: Der Computer kündigt das „höchste Stadium des Kapitalismus“ (frei nach Lenin) an. Die Umweltverschmutzung durch den traditionellen Industrialismus wird von einer „Innenweltverschmutzung und Kulturzerstörung“ abgelöst (vgl. ders., op. cit., 275). Entsprechend seiner ‘pragmatischen’ Welt- und Wissenschaftsorientierung ist dies für Werner Rammert aber nur die „Hälfte der Wahrheit“ (ders., op. cit., 275), denn wir haben (und hatten in der Vergangenheit!) die Chance, die „technische Entwicklung nach gesellschaftlichen Bedürfnissen“ (ebd.) zu gestalten:

> „Demgegenüber plädieren wir für das Konzept einer sozialen Dynamik der technischen Entwicklung, das sowohl die gesellschaftlichen Entstehungsbedingungen als auch die Folgen technischer Projekte für die Gesellschaft umgreift. Mit ihm können auch wechselnde Einflüsse historischer Akteure auf den Werdegang neuer Techniken berücksichtigt werden. Erzeugung, Verbreitung und Anwendung von Techniken werden als soziale Prozesse angesehen: Dabei schlagen sich ökonomische Interessen, politische Machtunterschiede und kulturelle Wertpräferenzen sowohl in unterschiedlichen Typen von technischen Systemen als auch in unterschiedlichen Stilen der Implementierung und Verwendung nieder. Jedoch kann kein historischer Akteur – weder Ingenieure noch Kapitalisten, weder staatliche Instanzen noch Nutzergruppen – den Verlauf und das Ergebnis technischer Entwicklungen allein nach seinen Interessen und Orientierungen gestalten; entscheidend sind die Bedingungen des Zusammenspiels (Rammert 1983, S. 22 ff.).“ (ders., op. cit., 276)

Eine durchgehende Paradoxie ist allerdings die ideologische Aufwertung des traditionellen Gemeinschaftslebens und die unkritische (ungeprüfte) Abwertung von Modernisierungsprozessen. Leider machte die Rekonstruktion des Lebensweltbegriffs (vor allem durch Habermas) die Widersprüche nicht deutlicher. Keine Paradoxie – aber eine offene Frage – bleibt, wie die „Funktionen der Sozialisation, der sozialen Integration und der kulturellen Reproduktion (…) die unmittelbare zwischenmenschliche Kommunikation und das Medium der Sprache unersetzbare Grundlage“ bleiben (ders., op. cit., 277). Oder behält Max Weber Recht, dass die Computerisierung (die ‘Rationalisierung’) zu einer „Entzauberung des sozialen Lebens“ (ders., op. cit., 278) führt (vgl. Weber1976, 32f.).

Die düstere Prognose lautet demnach, dass die weitergehende ‘Rationalisierung’ zu einer grundlegenden ‘Irrationalisierung’, Orientierungslosigkeit und

‘Sinnlosigkeit’ führen muss. Der technische Fortschritt (sein wichtigster ‘Beweger’ ist heute der Computer) produziert demnach gleichzeitig Gewinne und Verluste von ‘Handlungsoptionen’ (vgl. ders., op. cit., ebd.). Die Schwierigkeiten bei der ‘Entparadoxierung’ sind zu einem erheblichen Maße dadurch verursacht, dass technische Sachverhalte sich viel genauer beschreiben lassen als deren psychische und soziale Konsequenzen. Ihre ‘Soziologisierung’ erzwingen deshalb oft fragwürdige Konzepte (z. B. ‘Einbettung’, ‘soziale Koppelung’, ‘soziokulturelles Milieu’, ‘Identitätsverlust’ usw.). Die ‘schlauen Maschinen’ sind schneller, ausdauernder, intelligenter als das menschliche Individuum, aber sie machen dieses auch ‘dümmer’ bezüglich individueller Lebenserfahrung und spontanen Handelns in offenen sozialen Situationen. Der Computer nährt sowohl ‘Allmachtsphantasien’ als auch Gefühle der ‘Ohnmacht’. Der ungeheuren Ausdehnung formaler Organisationsprozesse steht ein Verlust an ‘Intuition’ gegenüber. Aber dennoch: „Der Computer bedroht nicht das menschliche Denken, sondern ist selbst objektivierter Ausdruck eines Teils davon, nämlich des formalen Denkens, das er uns in seinen Formen und Konsequenzen deutlich vor Augen führt.“ (ders., op. cit., 282). Ein weit verbreitetes Argument ist aber auch dieses: der Computer gefährdet die soziale Integration, da die unmittelbare Kommunikation stark reduziert wird (was Howard Reingold sofort bestreiten würde), was insbesondere traditionelle Zweierbeziehungen betrifft. Am Problem des ‘Cybersex’ wird aber gearbeitet! Selbst das ingenieurwissenschaftlich ausgerichtete ‘Lexikon der Informatik’ (Hg. Fischer/Hofer 2008, 186) nimmt zu dem Thema Stellung: „Cybersex, Flirten übers Netz mit realen oder virtuellen Gestalten: die Infektionsgefahren sind dabei eher psychischer den somatischer Natur“.

Ein ernstes soziales Problem scheint sich daraus zu entwickeln, dass der Computer neue Ungleichheiten zwischen ‘usern’ und ‘nonusern’ schaffen kann. Andererseits kann die Netzwerktechnologie neue überregionale Gemeinschaften und „elektronische Nachbarschaften“ (Rammert) generieren. Die Anonymität der Interaktionspartner kann auch eine Chance bedeuten! Nach Rammert wird die soziale Interaktion nur dann wirklich gefährdet, wenn die Kommunikation durch technische Medien monopolisiert wird (vgl. ders., op. cit., 284). Demnach könnte man andererseits annehmen, dass die verstärkte Technisierung der Kommunikation das Bedürfnis nach direkter Mitteilung und Verständigung ansteigen lässt. Die ‘user’ „wollen (…) mehr über unterschiedliche persönliche Wahrnehmungen reden oder abweichende Gesichtspunkte ausgiebiger erörtern“ (ders., ebd.). Hierzu fehlen jedoch noch die einschlägigen Untersuchungen.

Seit Habermas’ Jugendwerk (Strukturwandel der Öffentlichkeit, 1962) kommt kein Sozial- und Kulturkritiker an dem Problem vorbei, welche Faktoren die ‘Öffentlichkeit’ und die ‘politische Kultur’ verändern. Demnach tragen heute die elektronischen Medien zu deren Verfall wesentlich bei. Die Grenzen zwischen Information und Unterhaltung vermischen sich (Infotainment). Politische Kontroversen sind von Werbeschlachten kaum noch zu unterscheiden, Bilder ersetzen immer mehr Worte und Reflexion (was schon Platon wusste!). Der Fernsehzuschauer kann immer weniger zwischen 'realer' und 'virtueller' Realität unterscheiden (vgl. Kap. 2). Aber der Computer macht uns andererseits auch zu 'Weltbürgern'. Die Welt wird zum 'Dorf' – ohne jedoch der harten Kontrolle dieser traditionellen Sozialstruktur ausgesetzt zu sein! Die Informationstechnologie kann Demokratisierungsprozesse unterstützen und totalitäre Systeme gefährden (siehe heute (2011) die Vorkommnisse in China und im Iran). Umweltprobleme (wie z. B. Umweltverschmutzung) können bewusst gemacht werden etc., etc.

Für den 'traditionell' orientierten Sozialkritiker ist jedoch ein Grundproblem vorherrschend: die Dominanz eines 'eindimensionalen industriellen Paradigmas der Kommunikation' (vgl. ders., op. cit., 286). Nach Rammert besteht aber die erste (allgemeine) Paradoxie in „der Differenz von technischer Datenbewegung und sprachlicher Verständigung“ (ders., op. cit., 287). Auch schafft die Informatisierung „neuen Bedarf an Kommunikation und Interpretation, obgleich sie doch durch Rationalisierung davon entlasten soll“ (ders., op. cit., 288). „Misanthropische Technikeuphorie und sozialromantische Technikphobie“ stellen danach gleichermaßen eine Gefährdung der persönlichen Identität des Nutzers dar, wenn dieser nicht gelernt hat, „zwischen methodischer und maschineller Symbolmanipulation auf der einen Seite und verständigungsorientiertem Symbolgebrauch beim Sprechen auf der anderen Seite zu unterscheiden“ (ders., op. cit., 289).

Die zweite (allgemeine) Paradoxie entsteht nach Rammert aus der „Differenz von Systemintegration und sozialer Integration“: „Je mehr Kommunikationsprozesse formal organisiert und technisch integriert werden, desto höher steigen die Ansprüche an die sozialen Bindungskräfte und die wechselseitige Abstimmung in den kulturellen Milieus des Alltagslebens. Wird sozialen Gruppen und kulturellen Gemeinschaften nicht ausreichend Zeit, Raum und Autonomie gegeben, eigene Erfahrungen zu sammeln und über das Ausmaß und die Art der informationstechnischen Systemgestaltung nach ihren Interessen zu verhandeln, so ist auf der einen Seite mit Krisen sozialer Akzeptanz und auf der anderen Seite mit Krisen sozialer Verträglichkeit zu rechnen. Betreffen die ersteren nur kurzfristige Probleme des Einstellungswandels, so sind letztere schwerwiegender, weil sie die Abstimmung der technischen Systeme mit den widersprüchlichen und wechselnden Bedürfnissen des Gemeinschaftslebens berühren.“ (ders., op. cit. 289)

Eine dritte (allgemeine) Paradoxie entsteht aus der „Differenz von formaler und materialer Rationalisierung“: „Je mehr sich die ökonomische und technologische Rationalität ausbreiten und auch gegenüber dem Alltagsleben zum vorherrschenden kulturellen Paradigma avancieren, desto stärker belasten sie das Alltagsleben mit ihren unbeabsichtigten Nebenkosten und Folgerisiken und desto vehementer fordern sie zur kulturellen Gegenbewegung und zur Einklage materialer Ansprüche heraus.“ (ders., op. cit., 289f.)

Eine vierte (vielleicht selbsterzeugte) Paradoxie bezieht sich aber auf die Frage, ob die ‘Verteilung’ des Handelns und des Wissens (s. o.) nicht viel grundsätzlicher zu einer ‘Aufteilung’ der persönlichen Identitäten und einer ‘Verteilung’ von ‘Wahrheiten’ führen muss. Verlangt die Ausdifferenzierung zu ‘fragmentalen’ heterogenen ‘epistemischen Kulturen’ eine Neufassung des Wissenschaftsbegriffs und eine Reformulierung der (alteuropäischen) regulativen Idee der ‘Wahrheit’ (vgl. ders. 2007, 196ff.)? Kommt es zu einer ‘Privatisierung’ des Erkenntnisinteresses? Ist eine disziplinäre Wissensproduktion dann überhaupt noch aufrecht zu erhalten? (Was einige ‘postmodernen’ Denker ja bezweifeln!). Beginnt eine neue Epoche des ‘nicht-expliziten’ (vielleicht ‘intuitiven’ Wissens) im Umfeld einer neuen Esoterik? „Deswegen sollte eine intelligente Wissenspolitik dazu ermutigen, eine Pluralität der Akteure daran zu beteiligen und eine Diversität der Perspektiven dazu aufzubauen. Sie sollte die Unterschiede in und zwischen den verschiedenen Expertenkulturen pflegen. Sie sollte das Denken kreuz und quer zwischen unterschiedlichen Wissensdisziplinen fördern. Und sie sollte Spielräume offenhalten und für öffentliche Arenen sorgen, wo kollektives Lernen zwischen heterogenen Akteuren stattfinden kann. Eine Politik des quantitativen Wissenswachstums sollte durch eine qualitative Politik der Wissensdiversität ergänzt werden.“ (ders. 2007, 211)

Multiperspektivität

4. Computer und Gesellschaft

4.1 Was ist ein Computer?

> „Ein Computer (auch Datenverarbeitungsanlage oder Rechner genannt) ist ein elektronisches System zur automatischen Verarbeitung von Informationen. Der Computer ist als Einheit von Gerätetechnik (Hardware) und Betriebssystem (Systemsoftware) zu betrachten.
> Ein Computer verarbeitet Eingabedaten in Ausgabedaten, ein grundsätzliches Prinzip – das EVA-Prinzip (Eingabe -> Verarbeitung -> Ausgabe) –, welches auch für alle Software gilt.“ (Duden Informatik. Lehrbuch SII, Berlin 2006, 69)

Der Computer ist nicht nur ein Instrument zur Effizienzsteigerung des menschlichen Verhaltens (insbesondere des Arbeitsverhaltens), sondern er greift auch in das ‘Kerngeschäft der Philosophie’ und der von ihr abhängigen Disziplin der Wissenschaften vom Menschen ein (vgl. Mainzer, 2003, 7). Der Computer repräsentiert heute jene Schlüsseltechnologie, die zunehmend alle modernen Lebensbereiche durchdringt und unser Denken und Handeln (mit) bestimmt. Der Computer ist die ‘zentrale Chiffre’ der heutigen ‘Informationsgesellschaft’ (vgl. Rammert, op. cit. 2007, 179).

Diese Maschine II mit ihren eingebauten Mikrochips und ihrem formalisierten ‘EVA-Prinzip’ erzwingt die Reformulierung zahlreicher traditioneller ‘Weisheiten’ und wissenschaftlicher Konzepte. Der Computer ist besonders interessant als ‘Mittler’ der Beziehungen des Menschen zu sich selbst und zu den ‘Anderen’ sowie als ‘Mittler’ zwischen dem menschlichen Organismus und den physischen Objekten (‘Dingen’) seiner Umwelt sowie auf diese verweisenden ‘Zeichen’ (‘Chiffren’). Aus einem Werkzeug und einer Maschine hat sich ein neues Wesen entwickelt, welches zunehmend die Fähigkeit zu (sozialer) Interaktivität entwickelt: „Aus den anonymen Rechenknechten sind Interaktionspartner geworden.“ (ders., op. cit., ebd.) Die Maschine II unterscheidet sich von der traditionellen Maschine I dadurch, dass sie nicht mehr Materie oder Energie umwandelt (sie bleibt aber daran gebunden – ‘gekoppelt’), sondern sie manipuliert ‘Zeichen’. Was Nietzsche für den Menschen reserviert vordachte, nämlich dass er ein ‘nicht festgestelltes’ Wesen sei, trifft nun auch auf seine von ihm erschaffene neue Maschine zu, die immer ‘freier’ (in der Programmierung) wird (vgl. ders., op. cit., 180). Der Computer ist zunächst nur ein Gerät, das Informationen aufnimmt, verwaltet und wieder ausgibt. Diese Informationen aber sind weder 'Materie' noch 'Energie. Sie sind ein 'Drittes' – 'Geist'? Sind die Computer die 'neuen Flügel des Geistes' (Mainzer 1995)? Die Faszination des Computers rührt nicht nur aus seinen Fähigkeiten zur Steigerung von Leistung und Effizienz her, sondern vor allem aus der Relativierung von Raum- und Zeitvorstellungen. Viele lebensweltliche und wissenschaftliche Konzepte sind aber in traditionellen Raum- und Zeitvorstellungen fundiert. Die emotionale Abwehrhaltung vieler non-user gegenüber dem Computer ist wahrscheinlich darauf zurückzuführen, dass er ursprüngliche symbolische Orts- und Zeitbezüge auflöst. Er provoziert 'Territorialverhalten'. Er erzeugt 'Heimatlosigkeit'! Auch schafft der Computer neue Formen der 'Sozialität', eine hybride Sozialität (Rammert), der Interaktion von menschlichen Akteuren und technischen 'Agenten'. Er schafft so eine Neubetrachtung (und Wiederbelebung) des menschlichen Daseins, das heißt das Leben mit der 'Technik' (vgl. ders., op. cit., 185f.). Für die Wissenschaften vom menschlichen Verhalten ergibt sich daraus die Forderung, die Zusammenhänge von sozialer und technischer Evolution eingehender zu analysieren (vgl. Kap. 2). Die Symbol verarbeitende Maschine ist ihrem Wesen nach keine „versteinerte Form des In-der-Welt-Seins" (Leidlmair, 1991, 131ff.), sondern eher eine Überwindung des 'Stillstands der Utopie' nach dem Zusammenbrechen der großen Erzählungen über zukünftige bessere Verhältnisse:

> „Diejenigen von uns, die die Entwicklung des modernen Computers aus der Nähe mitverfolgt haben, kamen aus einer Vielfalt von Fachbereichen, auch von der Musik her. Wir haben festgestellt, daß rund um den Computer der Gedankenaustausch zwischen den intellektuellen Disziplinen intensiver wurde. Er war uns willkommen, weil er uns Zugang zu neuen Wissenswelten eröffnete – uns half, unsere eigene polykulturelle Isolation zu überwinden. Dieser Zusammenbruch der alten Fachbereichsgrenzen ist oft besprochen und der Zusammenhang mit dem Computer und den Informationswissenschaften häufig festgestellt worden." (Simon, 1981, 118)

Die „unsichtbare Maschine" (Luhmann) 'koppelt' Bewusstsein und Kommunikation. Sie ist ein nützliches Instrument zur weiteren 'Entmachtung des Subjekts' (vgl. Luhmann, 1998, 303f.). Der Computer wird demnach zum zentralen Thema der zukünftigen Geisteswissenschaften. Er fördert zwar das Konzept der 'Weltgesellschaft', aber er erzwingt auch eine Veränderung des Kommunikationsbegriffs – und damit auch vieler systemtheoretischer Begriffe der Soziologie. Die 'trans-klassische Maschine' (G. Günther), der Computer, bewirkt nicht nur Leistungssteigerungen in einzelnen Funktionsbereichen, „sondern es geht um eine Markierung von Formen, die ein reicheres Unterscheiden und Bezeichnen ermöglichen mit derzeit unabsehbaren Konsequenzen für das Kommunikationssystem Gesellschaft" (ders., op. cit., 305). Der Computer trifft (laut Luhmann) auf eine Gesellschaft, die 'semantisch' auf ihn nicht vorbereitet ist und mit seiner „nichtnatürlichen Selbstverständlichkeit“ den traditionellen Naturbegriff dramatisch verändert. Er verdrängt die traditionelle ‘Weltkonstruktion’ durch die Schaffung von ‘virtuellen Realitäten’ (vgl. ders., op. cit., 1147). Vor allem aber werden jene Vorstellungen nachhaltig erschüttert, welche vielen ‘alteuropäischen’ Konzepten zugrunde liegen, nämlich jenen vom ‘menschlichen Geist’: „Die bloße Existenz von Computern hat einen Existenzbeweis geliefert, dessen Einfluß nicht bestritten werden kann: Es gibt Mechanismen – primitive, nicht-mysteriöse, nach für gewöhnlich gut verstandenen physikalischen Prinzipien ablaufende Mechanismen –, die viele derjenigen Kompetenzen besitzen, die vordem allein dem menschlichen Geist zuerkannt wurden.“ (Dennett, 2007, 19) Besonders einer hat diese ‘Mechanismen’ genau untersucht:

> „Viele Leute scheinen völlig sicher zu sein, daß kein Computer je mit Empfinden, Bewußtsein und eigenem Willen ausgestattet sein oder sich in einer anderen Weise selbst ‘wahrnehmen’ können wird. Und was macht jedermann so sicher, daß er selbst diese bewundernswerten Fähigkeiten besitzt? Wenn wir überhaupt einer Sache sicher sind, dann ist es natürlich die, daß wir sagen können: ‘Ich bin bewußt – ergo bin ich bewußt’. Aber was bedeutet eine solche Überzeugung in Wahrheit? Wenn Selbst-Bewußtsein bedeutet, zu wissen, was in unserem Geist vor sich geht, könnte kein Realist lange die Behauptung aufrechterhalten, daß die Menschen viel Einsicht besitzen, wenn man das Wort Ein-Sicht wörtlich nimmt. In der Tat ist gerade die Evidenz, daß wir unserer selbst bewußt sind – das heißt, daß wir die Anlagen haben, herauszufinden, was in uns selbst vor sich geht –, sehr schwach ausgebildet. Es ist richtig, daß gewisse Menschen eine besondere Begabung besitzen, Verhalten und Motive anderer (und seltener auch ihrer selbst) zu taxieren. Aber das rechtfertigt nicht den Glauben, die Art, wie wir Wissen über andere Menschen einschließlich unserer selbst erlangen, unterscheide sich grundsätzlich von der Weise, wie wir andere Dinge erlernen. Die meisten Arten des Verstehens, die wir ‘Einsichten’ nennen, sind bloß Varianten der anderen Methoden, mittels derer wir ‘herausfinden’, was geschieht.“ (Minsky, 1990, 63)

Die Computerwissenschaft hat aber auch altehrwürdige und beladene Konzepte wie ‘subjektiver’ und ‘objektiver’ Geist revitalisiert. Denn durch die neue ‘trans-klassische’ Maschine hat ‘Bewusstsein’ (in Form von ‘Gedächtnis’, Kombinationsvermögen, Fähigkeit zum ‘logischen Schließen’ und der ‘Prognose’ usw.(vgl. Minsky, op. cit., 287, 288). Der Computer ist ein ‘Werkzeug’ und ein ‘Apparat’, der ‘Spuren’ hinterlässt. Er steigert die Effizienz des ‘geistigen Arbeitens’, produziert ‘telematische Interaktionen’, generiert ‘künstliche Identitäten’ und ‘Chiffreexistenzen’ (vgl. Krämer, 1998, 73ff.). Der Computer bedeutet aber auch den „Einbruch des Nicht-Hermeneutischen“ in die Geisteswissenschaften. Das Einfallstor ist das ‘Spiel’, welches vorgibt, (geistige) ‘Arbeit’ zu sein (vgl. dies., op. cit., 89)! Der Erfolg des Computers, das menschliche Verhalten ‘nachzuahmen’ und zu ‘erzeugen’ wird wesentlich davon abhängen, inwieweit Begriffe wie ‘Ich’, ‘Du’ und ‘Selbstbewusstsein’ als technische Objekte konstruierbar werden (vgl. Günther, op. cit., 189).

Da aber die menschliche Subjektivität 'bodenlos' ist, kann die Maschine II (der Computer) kein 'aktuelles' Bewusstsein erzeugen: „Die menschliche Seele ruht unerreichbar im 'Innern'; sie ist, nach einem adäquaten Sprachgebrauch, introszendent. Die tierische Seele ist extroszendent. Sie liegt im 'Außen'. In beiden Fällen liegt das, was wir als Subjekt des Bewußtseins zu hypostasieren gezwungen sind, nicht auf der Existenz- und Aktionsebene des Bewußtseins selbst." (ders., op. cit., 191)

Der Computer kann vieles, oft besser als wir Menschen. Nur 'sterben' kann er nicht, da er nicht 'lebt' (wie z. B. H.A.L.). Würde er 'leben', könnte er 'denken' (ähnlich wie ein Mensch). Nach Meinung einiger Theoretiker der Informatik führt der Weg zur KI (was die Sozialwissenschaftler hauptsächlich interessiert) über das KL (Künstliches Leben). Vielleicht aber ist das – so könnte Manfred Faßler sagen – ein Holzweg!

4.2 Computer und die Grenzen der sozialwissenschaftlichen Begriffsbildung

Während Heinrich Rickert eine deutliche Grenze zwischen Naturwissenschaften und Kulturwissenschaften errichten wollte (vgl. ders. 1896, 1899), versucht die gegenwärtige Generation von computerwissenschaftlich aufgeklärten Human- und Sozialwissenschaftlern, alle Grenzpfähle auszureißen und die Fakultätsmauern zum Einsturz zu bringen (vgl. insbesondere Faßler 1999, 2009; vgl. Kap. 2). Diese neuen 'smarten' Sozial- und Humanwissenschaftler scheinen zu triumphieren: mit ihnen kommt die 'neue Zeit' einer revolutionären universellen Computerwissenschaft. Die traditionellen Geistes- und Sozialwissenschaften scheinen eher verwirrt und eingeschüchtert. Die schöne neue Welt einer allgemeinen Informationswissenschaft hat auf ihren Fahnen neue Begriffe wie 'Smartject', 'hybride Sozialität', 'Aktant', 'verteilte Handlung' etc., welche die Unterwerfung der traditionellen Begriffe und der sie tragenden Theoriekonzepte ankündigen sollen. Ich will hier zunächst die Frage untersuchen, die Niklas Luhmann in seinem opus maximus (Die Gesellschaft der Gesellschaft 1998) gestellt hat und die sich darauf bezieht, inwieweit die gegenwärtige Gesellschaft auf die evolutionäre Errungenschaft des Computers 'strukturell' und 'semantisch' vorbereitet ist (vgl. ders., op. cit. 533). Überraschenderweise bin ich bei der näheren Beschäftigung mit dem Thema zu der Einsicht gelangt, dass bestimmte theoretische Richtungen in der Ökonomie und Soziologie durchaus auf den Bildersturm vorbereitet sind. Die Notwendigkeit der Modifikation und Erweiterung der traditionellen Begriffe der Soziologie (als Kernwissenschaft der Sozialwissenschaften) untersuche ich zunächst von 'unten' (aus der Perspektive des ‘Individuums’ und Teile desselben, z. B. seinem ‘Handeln’) und dann von ‘oben’ (aus der Perspektive der ‘Gesellschaft’ und der ‘Kultur’). Bei der Organisation der Gedankenführung orientiere ich mich zunächst an einem weitverbreiteten Lehrbuch der Soziologie, aus deren Blütezeit in den 1970er Jahren (Reinhard Kreckel, Soziologisches Denken, Opladen 1975). Einer der wenigen Autoren, dem auch von der neuen (computerunterrichteten) Soziologen-Generation ein gewisser Respekt entgegengebracht wird, ist Max Weber. Seine ‘Grundbegriffe’ sollen daher als Leitlinien für die ‘Grenzerkundung’ dienen:

> „Soziologie (im hier verstandenen Sinn dieses sehr vieldeutig gebrauchten Wortes) soll heißen: eine Wissenschaft, welche soziales Handeln deutend verstehen und dadurch in seinem Ablauf und seinen Wirkungen ursächlich erklären will. ‘Handeln’ soll dabei ein menschliches Verhalten (einerlei ob äußeres oder innerliches Tun, Unterlassen oder Dulden) heißen, wenn und insofern als der oder die Handelnden mit ihm einen subjektiven Sinn verbinden. ‘Soziales’ Handeln aber soll ein solches Handeln heißen, welches seinem von dem oder den Handelnden gemeinten Sinn nach auf das Verhalten anderer bezogen wird und daran in seinem Ablauf orientiert ist.“ (Weber, Grundbegriffe, in: Wirtschaft und Gesellschaft, 1921/1972/76, 19)

Webers Definition enthält bereits den Hinweis auf die wichtigsten methodologischen und methodischen Probleme des Fachs (erklären vs. verstehen, handeln vs. verhalten, Beobachtung von Dispositionen, Sinn als Grundbegriff der Soziologie (Luhmann), Unterschied von ‘Handeln’ und ‘sozialen Handeln’). Die Verbindung der beiden unterschiedlichen epistemologischen Prädikate ‘verstehen’ und ‘erklären’ (als Abkürzung für scheinbar unvereinbare Paradigmata der Erkenntnistheorie) war häufig Ursache der Auseinandersetzungen über Webers handlungsorientierte Begründung der Soziologie. Nach Oswald Schwemmer (1978, 555) lässt sich aus der Definition jedoch eine überprüfbare, zirkelfreie Methode rekonstruieren. Der Weg, den Begriff der ‘Handlungsdeutung’ zu rekonstruieren, geht demnach durch die Unterscheidung von ‘praktischen’ und ‘theoretischen’ Begründungen, der dann dazu führen kann, unsere (sozialen) Probleme zu lösen: „Wenn wir unsere Probleme lösen wollen, müssen wir argumentieren.“ (ders., op. cit., 537)

Menschliche Handlungen haben danach einen ‘Doppelcharakter’, nämlich „naturwissenschaftlich darstellbare Geschehnisse bzw. Bewegungen einerseits und (…) redegeleitetes Verhalten andererseits“ (ders., op. cit., 539). Von ‘Handlungen’ kann man deshalb schon sprechen, wenn sie für ‘Argumentationen’ zugänglich sind.

> „Während man so ‘Handlung’ gleichsam ‘von oben’ bestimmt, nämlich über Aufforderungen und Argumentationen, ist ‘Verhalten’ ein Terminus, dessen Bestimmung am Ende eines terminologischen ‘Aufstiegs’ steht, der ‘von unten’, d. h. bei den physikalischen Termini, anfängt und jeweils Zusatzbestimmungen hinzufügt. In diesem Sinne sind auch die Einführungen von ‘Handlung’ und ‘Verhalten’ voneinander unabhängig. Wenn man ‘Handeln’ als ‘argumenta-

> tionszugängliches Verhalten' definiert, ist diese Definition daher die zur Erstbestimmung beider Termini nachträgliche Zuordnungsregel, die allerdings gleichwohl eine besondere Bedeutung hat: Durch sie wird nämlich auch 'Handlung' mit den Überprüfungskriterien, durch die 'Verhalten' terminologisch bestimmt wird, in Verbindung gebracht." (ders., op. cit., 542)

Handlungen sind also im Unterschied zum Verhalten zugänglich für 'Argumente' (in deren Mittelpunkt eine 'Zweck-Mittel-Relation' steht). Beim 'Verhalten' steht eine 'Ursache-Wirkung-Relation' im Zentrum der 'Erklärung'. Diese ist aber nicht 'kritikzugänglich' (vgl. ders., op. cit., 545).

Aus Max Webers Definition lässt sich danach ein normales Forschungsprogramm für die Soziologie (und die anderen Sozialwissenschaften) ableiten:

> „Stelle von den problemrelevanten Verhaltensweisen so viele wie möglich durch die Rekonstruktion der für sie methodisch angebbaren Gründe als ein Handeln dar! Wo dies nicht möglich ist, versuche sie als in bestimmten Situationen regelmäßiges Verhalten darzustellen! Eine solche Rekonstruktion unseres Verhaltens durch Gründe möchte ich eine rationale Rekonstruktion nennen. Die Forderung, so viel wie möglich von unserem Verhalten rational zu rekonstruieren und so viel wie nötig deduktiv-nomologisch oder induktiv-statistisch zu erklären, möchte ich den Primat der Argumentation – nämlich vor der Deduktion (und, wenn man will, der statistischen Induktion oder Korrelation) – nennen." (ders., op. cit., 547).

Webers Grundbegriff 'reguliert' demnach das Verhältnis von (natur)wissenschaftlich zu erklärenden und (kultur)wissenschaftlich zu verstehenden Teilen von Handlungen. Der 'Zirkel' bei der 'Deutung' von Handlungen scheint durchbrochen. Der Sinnbegriff (die 'Sinnrationalität') dient als „methodisches Prinzip" (ders., op. cit., 557). 'Verhalten' können wir nach Weber eigentlich nicht 'verstehen' (z. B. das Verhalten der Zellen und Neuronen), sondern nur 'funktional erfassen'. Die Überleitung der 'deutenden' Beobachtung (Verstehen) gegenüber dem beobachtenden Erklären wird durch dessen 'hypothetischen' und 'fragmentarischen' Charakter erkauft (vgl. Weber, op. cit., 22ff.) „Die volle 'Nacherlebbarkeit' ist für die Evidenz des Verstehens wichtig, nicht aber absolute Bedingung der Sinndeutung. Verstehbare und nicht verstehbare Bestandteile eines Vorgangs sind oft untermischt und verbunden." (ders., op. cit., 20).

Soziales Handeln' (als Grundbegriff der Soziologie, einschließlich des 'Unterlassens' und 'Duldens') ist am 'vergangenen', 'gegenwärtigen' und 'künftig zu erwartenden' Verhalten anderer orientiert. Nicht alles Handeln aber ist 'sozial', insbesondere wenn es sich nur am Verhalten von 'sachlichen Objekten' orientiert. Auch nicht jede 'Berührung' von Menschen ist 'sozial', sondern nur wenn diese 'sinnhaft' ist. Auch 'gleichmäßiges Handeln vieler' (z. B. der 'Masse') wird durch 'Sinn' erst soziales Verhalten (vgl. ders., op. cit., ebd.). Nach Weber ist der Begriff des 'sozialen Handelns' zwar 'konstitutiv' für die Soziologie – über ihr Verhältnis zu anderen 'Tatbeständen' ist aber damit noch nichts Endgültiges gesagt (vgl. ders., op. cit., 41f.).

Nach Kreckel ist in Webers Definition nicht explizit von den 'Bedingtheiten' die Rede, unter denen soziales Handeln stattfindet. Auch die hier einzubeziehenden 'materiellen Substratbedingungen' werden wie selbstverständlich vorausgesetzt (vgl. Kreckel, op. cit., 131). Da diese aber im Grunde nicht 'verstehbar' sind, bleiben sie bei den soziologischen 'Tatbeständen' unberücksichtigt. Nach Kreckel sind diese 'Bedingungen' aber durchaus ein relevantes Begriffsmerkmal des 'sozialen Handelns', das sich daraus ergibt, dass man den Sinnbegriff weiter fasst als Weber dies tat. Webers prononcierter 'soziologischer Individualismus' verhindert demnach die Erfassung von 'überindividuellen Sinnzusammenhängen' der 'sozio-kulturellen Wirklichkeit' (vgl. ders., op. cit., 132). Normen und andere 'symbolische Kulturelemente' werden laut Kreckel nur auf 'gleichartige Motive' zurückgeführt. Weber lässt es offen, welche Methode bei der Sinndeutung von Handeln und der Sinndeutung von 'Artefakten' anzuwenden ist und wie diese 'kulturellen' Dinge und die 'natürlichen' Dinge in jeder sozialen Situation 'mithandeln'. Es ist aber möglich, den 'methodologischen Individualismus' Webers lerntheoretisch zu fundieren. Max Weber scheint eine tiefe Skepsis gegenüber 'Strukturgesetzen' zu empfinden! Der 'subjektiv' gemeinte Sinn ist für ihn nur ein Bedeutungselement – neben anderen Lerninhalten – welches das Individuum in Auseinandersetzung mit seiner 'sozialen' und 'nicht-sozialen' Umwelt erwirbt. Modern gesprochen sind für Weber alle 'kulturellen Symbole' das Ergebnis von Konditionierungsprozessen und kein Resultat von überindividuellen (nicht-lernbaren) Strukturprozessen. Die 'Dinge' der 'Bedingungen', das Material des 'Substrats', handeln insoweit 'mit', wie sie durch den Lernprozess des Individuums erfassbar sind. Weber könnte z. B. fragen, welche 'gleichen' Dinge die gleichartigen Bewusstseinsinhalte (als Kern der 'Sozialität') erzeugen. Dies scheint auch die zentrale Frage der klassischen Kulturanthropologie zu sein, deren altmodisches Paradigma aber durch die moderne Techniksoziologie als rehabilitiert erscheint. Webers Handlungsbegriff aber mit seinen flexiblen Raum- und Zeitelementen sowie seiner Elaboration an einer speziellen modernen Form – dem rationalen Handeln – scheint bereits gut auf den Einbruch der Computerwissenschaften in die Soziologie vorbereitet zu sein, das heißt die Erforschung des 'Mithandelns der Dinge' in Situationen 'hybrider Aktionszusammenhänge' (Rammert) zu regulieren. In dem Maße wie es gelingt, Webers Verstehensparadima des Handelns in ein Erklärungsparadigma des Verhaltens zu transformieren, wird die Anschlussfähigkeit der soziologischen Klassik an die moderne Sozialinformatik und Techniksoziologie steigen. Eine interessante Forschungsfrage (für den computerwissenschaftlich aufgeklärten Weber-Forscher) könnte z. B. lauten, welche 'Dinge' (und Technologien) in Webers 'typologische Methode' eingehen, z. B. bei der Explikation des 'zweckrationalen Handelns': „Wie jedes Handeln kann auch das soziale Handeln bestimmt sein 1. zweckrational: durch Erwarten des Verhaltens von Gegenständen der Außenwelt und von anderen Menschen und unter Benutzung dieser Erwartungen als 'Bedingungen' oder als 'Mittel' für rational, als Erfolg, erstrebte und abgewogene eigene Zwecke." (Weber, op. cit., 44).

Was aber von diesen Gegenständen der Außenwelt zu 'erwarten' ist, ist eine zentrale Frage der Techniksoziologie und Technikphilosophie. Das 'rationale' Handeln in seiner 'evidenten Verständlichkeit' und 'Eindeutigkeit' ist für die Computerwissenschaft besonders interessant (s. u.), wobei 'rationales soziales' Handeln die Theoriebildung hier anleiten könnte.

Stabilisiert der Computer die 'zweckrationalen Motive' zukünftiger Ordnungen bei gleichzeitiger Schwächung der 'Legitimität' von 'Konventionen' und 'Rechten'? Die 'überindividuellen Objektivationen', die kulturellen 'Sinnzusammenhänge', werden aber durch die neue Informationstechnologie grundsätzlich in Frage gestellt (vgl. Kap. 2). Max Webers Menschenbild vom „essentiell freien Menschen" (Kreckel) wird durch die Computerwissenschaften aber eher gestützt. Die 'faits sociaux' werden (heute schon und) in Zukunft am Keyboard erzeugt (vgl. Kap. I), das heißt unter 'Be-dingungen', die einigen 'Eigensinn' aufweisen und mit-handeln'. Dies scheint für Weber eine der zahlreichen 'Selbstverständlichkeiten' zu sein, auf deren Grundlagen wir Menschen handeln. Die 'sozialen Tatsachen' (Durkheims) sind immer von vielen 'Dingen' umgeben, die 'mithandeln'. Normative Vollzüge geschehen häufig in einem 'technischen Ablauf'. Selbst die 'härtesten' Intentionen (z. B. Glaubensvorstellungen) werden durch Manipulation von physikalischen Objekten aufrechterhalten. Die Soziologie als Wissenschaft von den Institutionen (Durkheim) wird durch die Techniksoziologie aufgerufen, diese Objekte und Technologien in ihre Theoriebildung verstärkt aufzunehmen. Der Computer, die Maschine II, fordert dabei eine Reformulierung der Theoriestrategie, welche den 'methodischen Individualismus' oder 'Sub-Individualismus' stärker betont.

Wie soziale Ordnung möglich ist, oder was die Gesellschaft im Innersten zusammenhält (die Grundfrage!), der 'soziale Zwang' wird auch durch Konditionierungsprozesse beim Einzelnen erzeugt. Die 'sekundäre' Sozialisation (z. B. in der peer group) gewinnt wieder an Bedeutung. Die Grenzen der 'Solidarität' verschieben sich, die 'Moral' wird 'globalisiert' – aber gruppenspezifisch sanktioniert. Eine neue Form der 'mechanischen' Solidarität ist im Entstehen.

Nach Kreckel versuchte Talcott Parsons, die beiden Positionen der soziologischen Theoriebildung (Webers individualistische Handlungstheorie und Durkheims kollektivistische Institutionentheorie) zusammenzubringen (vgl.

ders., op. cit., 149ff.). Dazu führte Parsons das Konzept der 'Situation' ein, welches folgende Komponenten aufweist:

> „1. Die jeweiligen physischen Umweltbedingungen sind eine Situationskomponente, die beim Handeln in Rechnung gestellt wird. Neben der unbearbeiteten und der 'kultivierten' Umwelt zählt Parsons auch den biologischen Organismus der an einer Handlungssituation beteiligten Person zu den physischen Handlungsbedingungen.
> 2. Ein weiterer Bestandteil jeder Handlungssituation sind, wie bereits angedeutet, die jeweils relevanten Werte, Normen, Institutionen etc., oder allgemeiner: die symbolische Kultur, an der der oder die Handelnde(n) sich orientieren. (Dies ist sozusagen die 'Durkheimsche Komponente' des Parsonsschen Handlungsmodells.)
> 3. Die handelnden Individuen bzw. die als Handelnde aufgefaßten Gruppen von Individuen haben nicht nur mit materiellen und kulturellen Gegebenheiten zu rechnen (den sog. 'nicht-sozialen Objekten' innerhalb einer Situation), sondern auch mit anderen, direkt oder indirekt beteiligten Individuen und Gruppen, die in einer spezifischen Weise agieren und reagieren, die besondere Eigentümlichkeiten und Ziele haben, die bestimmte Erwartungen gegenüber den Handelnden hegen usw. (Diese von Parsons 'soziale Objekte' genannte Situationskomponente könnte demgemäß als die 'Webersche Komponente' im Parsonsschen Handlungsmodell gelten.)" (Kreckel, op. cit., 150)

Der Handelnde (actor) agiert in der Situation auf der Basis seiner 'Persönlichkeit' (die ein gewisses Wissen über die 'Umweltbedingungen' besitzt) und 'orientiert' sich dabei (selektiert aus 'Möglichkeiten') an 'erlernten Bedürfnissen' (Werten). Wie der Handelnde die 'Bedeutung' der einzelnen 'Orientierungsobjekte' der äußeren Welt erwirbt, wird als bekannt vorausgesetzt. Die 'soziale Ordnung' ergibt sich aus gleichartigen Werthaltungen der Akteure. Die gleichartigen organischen und physikalischen Handlungs-'Be-dingungen' bleiben als Ordnungsfaktoren außer Betracht (vgl. ders., op. cit., 153). Die Stabilität der Wertorientierungen wird durch Praktiken der sozialen Konditionierung und Sanktionierung erreicht. Ein weiteres Element des Parsonsschen Versuchs, die 'individualistische' Handlungstheorie und die 'kollektivistische' Gesellschaftstheorie zusammenzuführen, ist sein Rollenkonzept: „Sozialstruktur ist Rollenstruktur." (Kreckel, op. cit., 159). Rollenverhalten basiert auf Erwartungen über das Verhalten der potentiellen Interaktionspartner und dem 'Verhalten der Orientierungsobjekte' innerhalb der 'Rand-Be-dingungen'. Viele Rollen sind mit physischen Objekten ausgestattet, die jeweils 'mit-handeln' (Adams Pflug, Evas Spinnrad und das Schwert des Edelmanns). Die neue Techniksoziologie sieht eine ihrer Aufgaben gerade darin, diese 'nicht-sozialen' Objekte zu thematisieren (vgl. Kap. 3). Auch der 'homo sociologicus' kann der 'Be-dingtheit' seiner Existenz nicht entfliehen. Das oft kritisierte Rollenkonzept ist nicht nur 'konservativ', sondern auch ein Konzept der 'Entpersönlichung' (Dahrendorf), und auch durch seine historischen Bindungen an 'Arbeitsrollen' der Gefahr ausgesetzt, den 'instrumentellen' Anteil des menschlichen Handelns überzubetonen, indem die 'Substratbedingungen' wie selbstverständlich vorherrschen. Die typische soziologische 'Weltsicht' gibt unser Lehrbuchautor beispielhaft kund:

> „'Dinghafte' materielle Substratbedingungen sind dafür prädestiniert, als Objekte und nicht als 'sinnhafte' Subjekte behandelt zu werden. Denn sie gehorchen invarianten Naturgesetzlichkeiten, nicht sozio-kulturell verankerten und symbolisch vermittelten Normen oder Konventionen, die von Menschen gemacht und somit veränderbar sind. Weil sie nicht symbolisch strukturiert sind, ist es auch nicht möglich, mit materiellen Substratbedingungen in eine symbolisch vermittelte Kommunikationsbeziehung zu treten: Sie können nicht 'antworten', 'kommunizieren', 'interpretieren' wie menschliche Subjekte; sie werden vielmehr 'bearbeitet', 'transportiert', 'verzehrt', 'benützt', 'gezüchtet', 'vernichtet' oder in anderer Weise als Objekte behandelt, denen bei der Erreichung menschlicher Zwecke eine instrumentale Bedeutung zukommt. Dabei ist jedes 'gute Zureden' nutzlos; denn materielle Substratbedingungen reagieren nicht auf symbolisch verschlüsselte Mitteilungen, sondern nur auf Handlungsweisen, die ihrer physischen, von invarianten Naturgesetzlichkeiten bestimmten Beschaffenheit Rechnung tragen. Mit anderen Worten, die Beziehung zwischen Mensch und Natur ist eine instrumentale und einseitige Beziehung. Sie findet sozusagen als ein andauernder 'Monolog' statt, in dem die Menschen die 'schweigende' dinghafte Natur zu einem Bestandteil ihrer sinnhaften sozio-kulturellen Mitwelt machen und zu beherrschen suchen. – Hauptmerkmal dieser sozio-kulturellen Wirklichkeit ist es dagegen, daß sie dialogisch, auf kommunikativen Beziehungen zwischen Menschen aufgebaut ist. Menschen müssen mit ihrer sozio-kulturellen Mitwelt kommunizieren, um sich in ihr zurechtfinden zu können. Ihr soziales Handeln ist immer (direkt oder indirekt) auf das Handeln anderer bezogen; es ist eine interpretierende und symbolisch verschlüsselte Antwort auf die symbolischen Handlungen und Erwartungen anderer sowie auf die jeweils geltenden kulturellen Werte, Normen etc., die ebenfalls verstanden und 'handelnd interpretiert' werden." (Kreckel, op. cit., 187f.).

Nach Habermas sind 'technische Regeln' der Kern des 'instrumentellen Handelns', während sein 'Gegenteil', das 'kommunikative Handeln', aus 'symbolisch vermittelten Interaktionen' besteht. Demnach weist jede soziale Handlung eine 'dinghafte' und eine 'sinnhafte' Komponente auf. Wie kann aber die Soziologie diesem Sachverhalt adäquat Rechnung tragen, wenn 'Lebenswelt' und 'System' nicht mehr klar zu trennen und das 'Gespräch' nicht mehr Ausgangsbasis der Gesellschaftsanalyse sein kann (vgl. Taylor 1986, Harbach 2008, 166f.)?

Nach Jeffrey Alexander ist Habermas Theorie des kommunikativen Handelns aufgrund eines empirischen Irrtums über das Wesen der Rationalität gescheitert. Danach ist das moderne politische und ökonomische Leben nicht einfach 'instrumentell'; es wird immer von kulturellen Tiefenstrukturen codiert. Andererseits sind die heutigen Lebenswelten ebenfalls 'Systeme' mit hohem Organisationsgrad. Habermas' strikte Trennung von kommunikativem und instrumentellem Handeln (das heißt von instrumenteller und praktischer 'Vernunft') ist nach Alexander ein Ausfluss des Deutschen Idealismus, der eine 'gute' Gesellschaft mit dem Vorherrschen von persönlichen Intimitäten des moralischen Lebens und eine 'schlechte' Gesellschaften als Reduktion rationalisierten, materiellen Systemeinmischungen gleichsetzt (vgl. Harbach 2008, 168f.). Man konnte hier fragen, ob z. B. 'Rassismus' eher auf 'instrumentellem' oder eher auf 'kommunikativem' Handeln beruht?

Hans Joas kreidet der Habermasschen Theorie weiter an, dass sie „nicht-teleologische Formen des Umgangs in nicht-sozialen Situationen" nicht berücksichtigt, was nach seiner Meinung gerade eine Stärke der Daseins-Analyse der Heideggerschen Fundamentalontologie ausmacht (vgl. Harbach, op. cit., 171). Habermas hat nach Meinung seiner Kritiker die Erforschung der Moderne daraus wesentlich behindert, dass er das 'instrumentelle' Handeln als eine quasi 'normfreie Sozialität' beschreibt (vgl. ders., op. cit., 173). Die Theorie ist demnach nicht fähig, die kulturellen Vorrichtungen und ihre Begrenzungen durch 'Sachzwänge' und dem 'Mit-handeln' der 'nicht-sozialen' Objekte zu thematisieren. 'Sachzwänge' und 'Be-dingtheiten' sind aber das Resultat von Lernprozessen!

Im Gegensatz zur Theorie des kommunikativen Handelns von Jürgen Habermas enthält Luhmanns Systemtheorie – 'unterhalb' von 'Sozio-Kybernetik' und eines besonderen 'Radikalen Konstruktivismus' und 'jenseits' von problematischen Konzeptionen wie 'Autopoiesis' und 'strukturelle Koppelung' zahlreiche Anregungen, die sich für die Computerforschung empirisch fruchtbar machen lassen. So liest sich das 10. Kapitel von 'Soziale Systeme' (1985) fast wie das Prolegomenon eines Programms zur Erforschung des Hamburger 'Chaos Computerclubs'. Selbst Luhmanns Definition von 'Interaktion' lässt bereits fruchtbare Anschlüsse zu: „Auch Interaktionssysteme lassen sich relativ präzise abgrenzen. (...) Sie schließen alles ein, was als anwesend behandelt werden kann, und können gegebenenfalls unter Anwesenden darüber entscheiden, was als anwesend zu behandeln ist und was nicht." (Luhmann 1985, 560) Wichtig ist hierbei die Bedeutung von einer „anspruchsvollen Form der Informationsgewinnung" – der Wahrnehmung. Für die Informationsgewinnung ist zu beachten, dass oft dieser Prozess selbst wahrgenommen wird, also 'doppelte Kontingenz' artikuliert und dann der Vorgang 'sozialisiert', das heißt 'reflektiert' wird. Im Gegensatz zur expliziten Kommunikation (z. B. in Form von 'Handeln'), 'kapitalisiert' die Interaktion die Information und stellt diese der 'Gesellschaft' (dem normativen Gesamtsystem) zur Verfügung. Die Wahrnehmung bereitet die Kommunikation vor (bei hoher Komplexität der Informationsverarbeitung und bei gleichzeitig geringer Schärfe der Verständigung). Der hohen Geschwindigkeit der Informationsverarbeitung steht die geringe Rechenhaftigkeit gegenüber. Die Modalisierung der Information dient der 'indirekten' Kommunikation und dem 'Probehandeln' etc. (vgl. ders., op. cit., 561). Ein zentrales Merkmal eines Interaktionssystems ist nach Luhmann das

Kriterium der 'Anwesenheit'. Es bedeutet, dass „man nicht nicht kommunizieren kann" (ders., op. cit., 562). Die Wahrnehmung der Wahrnehmung und deren eventuelle 'Störung' erzeugt 'soziale Relevanz'. Nicht nur der menschliche Körper kann zur strategischen Verteilung von sozialen Relevanzen eingesetzt werden (z. B. Neigung zu Ohnmachten), sondern auch die mit-handelnden Dinge in der Interaktion, z. B. der Computer kann die sozial-reflexive Sensibilität steigern (durch Absturz des Systems oder Computerviren als 'Rache' der Technologie!). Die 'Störanfälligkeit' von Computern als gruppendynamisches Phänomen in Computerclubs sollte man erforschen – könnte Luhmann (schmunzelnd) anregen). Diese Störungen gefährden die 'online-Anwesenheit' und stimulieren die 'offline-Gruppendynamik'. Die Kombination von Wahrnehmung und Kommunikation zeigt, wie die Grenzen des Wahrnehmbaren und die Fakten der 'virtuellen' Räume neue Formen von 'sozialen Relevanzen' erzeugen.

Wie wird in Computergruppen und 'Smart Populations' über diese virtuellen Welten eigentlich kommuniziert? Wie steuert das Beisammensein von Personen (offline und online) die Selektion der Wahrnehmung und damit die 'soziale Relevanz' der Informationen? Wie beeinflusst der technische Einfluss der Computer den 'assoziativen' Prozess des Interaktionssystems? Wie könnte man die folgende Kausalhypothese testen: „Je stärker die technischen Einflüsse auf Situationen, (…) desto zwingender, aber auch: desto autonomer!, die soziale Relevanzbestimmung." (ders., op. cit., 564). Die Ereignisse, die den 'usern' in Computerclubs 'offline' und 'online' begegnen, können nach sachlichen, zeitlichen und sozialen Dimensionen unterschieden und beobachtet werden. Wer z. B. bestimmt, welche Themen ausgewählt werden, und wie schnell müssen diese 'abgehandelt' werden? Die Erzwingung von Führerschaften (Zentrierung) in scheinbar 'chaotischen' Kleingruppen erzeugt einen „Überschuß an Möglichkeiten" und damit ein latentes Innovationspotential. Die Zentrierung in 'Führerschaft' ist für Interaktionssysteme an ein wesentliches Leitungsmerkmal gebunden, die 'Informationsverarbeitungskapazität', das in Computerclubs eine neue Personenqualität erfährt, denn der Gruppenführer muss nicht nur 'intelligent' sein, sondern auch 'smart', das heißt 'verteilte' Intelligenz zusammenführen zu können (als eine neue Form der 'sozialen Kompetenz'). Mit Luhmann könnte man fragen, was einen 'Bibelkreis' von einem Mac-User-Treffen eigentlich 'strukturell' unterscheidet (vgl. ders., op. cit., 566). In welche 'Episoden' gliedern sich beide sozialen Systeme? Beide Interaktionssysteme erhalten jedoch ihre 'Vorgaben' aus der Gesellschaft: „Gesellschaft ist daher nicht ohne Interaktion und Interaktion nicht ohne Gesellschaft möglich; aber beide Systemarten verschmelzen nicht, sondern sind in ihrer Differenz füreinander unentbehrlich." (ders., op. cit., 566). Die Interaktionssysteme sind aber geradezu ein „vorgesellschaftliches Erfordernis für das Entstehen von Gesellschaft" (ders., op. cit.

567). Für einige Computer-Enthusiasten sind die Interaktionssysteme der 'Smart Populations', der global vernetzten 'user', ein Erfordernis für eine neue 'Weltgesellschaft' (vgl. Kap. 2). Man könnte mit Luhmann weiter spekulieren, dass die „unaufhörlich stimulierte Kommunikation" (z. B. die des Internet, d. V.) „(…) dann im Meer der sinnhaft angezeigten Möglichkeiten Verständigungsinseln bilden, die als Kultur im weitesten Sinne das Sicheinlassen auf, und das Beenden von, Interaktion erleichtern" (ders., op. cit., 568).

Der Computer, wie vor ihm schon die anderen 'Kulturtechniken' wie Schrift und Buchdruck, wird danach die soziale Differenzierung beschleunigen und damit auch dem Gesellschaftskonzept (als umfassendem Konzept sozialer Systeme) wieder Auftrieb geben. Denn Interaktionssysteme lassen sich nicht zur 'Gesellschaft' zusammenführen und Gesellschaft nicht auf Interaktionssysteme reduzieren.

Welches 'Gesellschaftsbild' haben die Mitglieder des Hamburger Chaos-Computerclubs oder die der neuen Piratenpartei, könnte man mit Luhmann fragen: „Die Differenz von Gesellschaft und Interaktion transformiert Bindung in Freiheit. Jeder Teilnehmer kann in der Interaktion Rücksicht darauf verlangen, daß er noch weitere Verpflichtung zu erfüllen hat, und kann damit Distanz gewinnen. (…) Insofern ist die Rekursivität des Gesellschaftssystems derjenige 'Hyperzyklus' (Eigen), der die Konstitution der Kontingenzen des Interaktionssystems und damit dessen Selbstselektion erst ermöglicht." (ders., op. cit., 570). Der Computer als 'Anwesender' im Interaktionssystem verstärkt sowohl die Kontingenz 'de re' als auch 'de dicto', das heißt, es entsteht ein latenter Zwang zur 'Normierung', der sich aber häufig der Selbstwahrnehmung des 'smartjects' entzieht. Luhmann formuliert in diesem Zusammenhang eine interessante Forschungsfrage: Wie verändert sich ein Interaktionssystem (z. B. Computerclubs), wenn die gesellschaftliche Umwelt komplexer wird? Wie werden dann die anderen Rollen der Interaktionsteilnehmer, die sie sonst noch spielen müssen, berücksichtigt (vgl. ders., op. cit., 572)? Umgekehrt könnte man fragen, wie die 'online-Interaktion' die 'offline-Interaktion' beeinflusst (und zwar jenseits voreiliger Kultur- und Computerkritik)?

Nach systemtheoretischer Lehrmeinung müssen durch die Kontingenzsteigerung bei der Interaktion von (computervernetzten) Akteuren neue interne Bindungen (etwa in Form von 'Loyalität' und 'Vertrauen') entstehen, welche erfolgreiche Interaktionsformen ('offline' ebenso wie 'online') selektieren können. Gesellschaftliche Grundmuster wie 'Tausch' und 'Konflikt' müssen von den neuen Interaktionsmustern affiziert werden, gerade dadurch, dass die Netzwerk-Interaktion die gesellschaftlich notwendigen 'Indifferenzen' begünstigen. Die Interaktionssysteme bereiten so die Gesellschaft vor und begleiten sie auf dem Weg zu ihrer eigentlichen Leistung, der 'Abstraktion' (vgl. ders., op. cit.,

574), das heißt der Identifikation von 'Erwartungszusammenhängen' (ebd., 575). Die Gesamtheit der Interaktionen bilden eine „Art basale Anarchie" und das „Spielmaterial für gesellschaftliche Evolution" (ders., op. cit., 575f.). Höhere Abstraktionsleistungen (der Gesellschaft) und höhere Freiheitsgrade der Interaktionssysteme begünstigen zusammen die soziale Evolution (vgl. Kap. 2). Beides wird durch den Computer gefördert.

Obwohl Luhmann zunächst Interaktionssysteme (z. B. „Kleinbegegnungen persönlicher und unpersönlicher Art"; ders. 1998, 813) an den Begriff 'anwesend/abwesend' bindet, ist die Form der Anwesenheit eine Differenz, die eine nähere Bestimmung offen lässt, ob das Kriterium weiter differenziert werden kann im Hinblick auf die Interaktionspartner. Sie können 'online' und 'offline' anwesend sein, das heißt aus face-to-face-relations können auch interface-to-interface-relations hinzugedacht werden, ohne dass das Grundkonzept allzu sehr darunter leidet. Denn diese Differenz ist nicht 'ontologisch' gemeint, sondern vom Beobachter erzeugt (vgl. ders., op. cit., 815). Interaktion und Gesellschaft stehen in einem gegenseitigen Bedingungsverhältnis: „Ohne jede Interaktion gäbe es keine Gesellschaft, ohne Gesellschaft nicht einmal die Erfahrung doppelter Kontingenz. Anfang und Ende der Interaktion setzen Gesellschaft voraus." (ders., op. cit., 817). Sowohl der 'Vollzug' der Interaktion als auch die Beziehung zur 'Umwelt' sind ohne eine Gesellschaftskonzeption nicht adäquat zu denken. Eine wichtige Funktion des Computers besteht nun darin, dass man „Abwesende anwesend (macht), das heißt herbeiholen" kann (ders., op. cit. 818), und zwar durch die erhöhte Fähigkeit, 'Zeichen' zu manipulieren. Die 'Gesellschaft' stellt sicher, dass vor den Interaktionsepisoden es schon 'Kommunikation' gab, z. B. auch darüber, was Computer nicht können. Sie vermitteln jedoch eine höhere Sensibilität bezüglich „Diachronizität und Synchronizität" des Geschehens (vgl. ders., op. cit., 819). Luhmann schränkt unnötigerweise seine Begrifflichkeit jedoch wieder ein, wenn er von der Schrift und dem Buchdruck als „interaktionsfrei benutzbare Kommunikationstechniken" (ebd.) spricht, die für die Ausdifferenzierung des Gesellschaftssystems relevant waren. Die Weiterführung seiner Gedanken über die Schrift (als „Desynchronisation der Kommunikation"; ders., op. cit., 821) hätte wahrscheinlich gut in meine 'freie' Interpretation des Kap. X (Soziale Systeme) gepasst. Durch die Schrift „können viel mehr Empfänger erreicht werden, als sie gleichzeitig anwesend sein könnten" (ders., ebd.). Durch die Kommunikationstechniken (wie Schrift – und Computer) müssen immer weniger 'Zeitdispositionen' verabredet werden; die Zeit expandiert!

Mit der Ausbreitung neuer Kommunikationstechniken (vom Buchdruck bis hin zum Computer, so interpretiere ich Luhmann) wird die menschliche Existenz immer weniger von der 'Interaktion' und immer mehr von der 'Gesellschaft' her gedacht (vgl. ders., op. cit., 823). Noch für Kant bestand die Gesellschaft im Kern aus 'Geselligkeit'. Wird die 'Computerrevolution' – analog wie einst die Französische Revolution – die Trennung von Interaktion und Gesellschaft weiter vorantreiben? Der Computer und die globale Vernetzung scheinen eine Voraussetzung hierfür zu begünstigen: die teilweise Auflösung der traditionellen Stratifikationssysteme durch die 'Smart Populations' und die Gruppen von 'Smartjects' – und die 'Massenmedien' weisen in diese Richtung.

Man könnte die 'konstruktive' Interpretation der Luhmannschen Texte noch eine Weile weiter betreiben, um zu zeigen, dass Luhmann durchaus auf die Computerrevolution 'semantisch' vorbereitet war (s. o.), wenn man einige epistemologischen Probleme einmal beiseite lässt. Nach Ansicht seines aktuellen Biographen Klaus Dammann hat Luhmann sich mehr mit der Problematik beschäftigt, als seine Texte verraten (vgl. Dammann, im Erscheinen). Der mikroskopische Informationsbegriff, und mit ihm der der sozialen Handlung, ist also weniger gefährdet, von der Computerwissenschaft entmachtet zu werden, als der makroskopische der 'Gesellschaft' (vgl. Kap. 2). Die geschichtsphilosophischen und kryptomoralischen Wesenselemente des Begriffs, die vor allem von der Kritischen Theorie produziert worden sind, sind besonders nach dem 'Positivismusstreit' und dem Verhalten der Apologeten einem weitgehenden Ideologieverdacht verfallen. Seine 'diagnostischen' und 'regulativen' Fähigkeiten sind jedoch meines Erachtens vorzeitig ad acta gelegt worden (vgl. Kap. 2). Wenn es auch 'nach der Gesellschaft' (was Manfred Faßler erforschte) nach Luhmann 'nichts mehr' gibt, vermeiden doch viele Autoren den Begriff und sprechen stattdessen von 'sozialem System' und 'Kultur'. Auch der Lehrbuchautor Reinhard Kreckel vermeidet den Begriff, wenn es geht, und benutzt den Kulturbegriff als makroskopischen Grundbegriff:

> „(...) In dem Maße, wie dauerhafte materielle und/oder symbolische Produkte menschlichen Handelns für mehrere Individuen handlungsrelevant sind, ermöglichen sie aufeinander abgestimmtes und insofern regelmäßiges Handeln. In diesem Falle sprechen wir von Kultur.
> Mit anderen Worten, wir schlagen vor, den Begriff der Kultur auf alle die relativ dauerhaften materiellen und symbolischen Erzeugnisse menschlichen Handelns (bzw. 'menschlicher Geschichte') zu beziehen, die sich als Bedingungen auf aktuelles menschliches Handeln auswirken und deren jeweilige Bedeutungen und Anwendungsmöglichkeiten von einer Mehrzahl von Individuen erlernt, verstanden und bei ihrem Zusammenarbeiten und Zusammenleben berücksichtigt werden. Maschinen, Geräte, Gebäude, Verkehrswege, 'Kulturlandschaften' und sonstige Artefakte, die als dauerhafte Bedingungen aktuellen menschlichen Handelns wirken, nennen wir materielle Kultur. Sprachen, Glaubens- und Wertvorstellungen, Gesetze, Normen, Bräuche und andere Verhaltensregeln, allgemeine Wissensbestände und 'Selbstverständlichkeiten', Traditionen und Techniken sowie sonstige für mehrere Individuen geltende Symbolgehalte nennen wir symbolische Kultur (bzw. immaterielle Kultur)." (Kreckel, op. cit., 121).

Manfred Faßler benutzt den Kulturbegriff 'implizit', um ihn jedoch dann sofort zu 'reduzieren'. Er ist ja (Normativität des Faktischen) Professor für 'Kulturanthropologie'! Jedenfalls ist er sich darüber im Klaren, dass die umstrittene Unterscheidung von 'materieller' und 'symbolischer' Kultur durch den Computer obsolet geworden ist (vgl. Kap. 2). Um die Informationstechnologie zur materiellen Kultur zu rechnen, müsste man zunächst nachweisen, welche Handlungen durch sie 'begünstigt' (z. B. Effizienzsteigerungen) oder durch sie 'unmöglich' gemacht werden (z. B. die 'Macht der Vernunft'). Die 'symbolische' Kultur bezieht sich (nach Kreckel) auf 'soziale Geltung' von Werten und Normen sowie auf die „unabdingbare Voraussetzung und [als] Medium zwischenmenschlicher Kommunikation" (ders., op. cit., 122). Das 'Medium' transportiert gemeinsame Bedeutungen und 'Erfahrungen' der Gesellschaft. Die Begriffe 'Medium' und 'Symbol' wurden jedoch durch den Computer 'entzaubert' (vgl. Kap. 2). Nach Kreckel wird die 'materielle' Kultur, die Artefakte nur in Verbindung mit der 'symbolischen' handlungsrelevant (vgl. ders., op. cit., 122). Diese 'Gegenstände' und 'Dinge' können Symbole transportieren, jedoch nicht erzeugen. „Hauptträger symbolischer Kultur sind jedoch schriftliche und mündliche Überlieferungen und menschliches Erinnerungsvermögen." (ders., op. cit., 122). Das ungeklärte Verhältnis von 'materieller' und 'symbolischer' Kultur macht den Begriff besonders anfällig für den computerwissenschaftlichen Einfall in die Kultur- und damit auch in die Geistes- und Sozialwissenschaften (wie Manfred Faßler dies demonstriert hat, vgl. Kap. 2).

Der Kulturbegriff hat nach Kreckel eine Schlüsselstellung in der Soziologie inne, trotz der 164 verschiedenen Definitionen, die von Kulturanthropologen und Soziologen schon vor über 50 Jahren gesammelt wurden (vgl. Kroeber/ Kluckhohn, 1952). Auch in der modernen Soziologie wird der Gesellschaftsbegriff nicht restlos durch den Kulturbegriff ersetzt, sondern das Verhältnis wird durch 'Trägerschaft' gekennzeichnet, wobei der Einfluss der funktionalistischen Kulturanthropologie in der Nachfolge der epochalen Arbeiten von Malinowski immer noch deutlich ist. Die 'Trägerschaft' wird z. B. bei L. A. White so formuliert, dass das 'soziale System' sich als ein Subsystem neben dem 'ideologischen' und dem 'technischen' darstellt. Dem 'technischen System' kommt dabei eine determinierende Rolle zu; es ist das 'primäre' System (vgl. Goetze, 1991, 38).

Die zentrale Kategorie, welche die Kulturkonzeption der soziologischen Lehrbücher beherrscht, ist der Symbolbegriff. Dieser gilt jedoch für die computerwissenschaftlich unterrichtete Sozialtheorie als 'überwunden' (vgl. Kap. 2). Ob der für die Beschreibung jeglicher 'Konditionierung' benötigte Symbolbegriff so leicht aufgegeben werden kann, wird uns später noch beschäftigen. Bei der modernen Behandlung des Themas ist ein erstaunlicher 'Reduktionismus' der Kulturtheorie auf 'Werte' und 'Normen' und der sie fundierenden Lernprozesse zu beobachten (vgl. Goetze, op. cit., 47ff.). Die Fassung des Kulturbegriffs aber ist von strategischer Bedeutung für die Definition von 'sozial' und Sozial-Wissenschaft (vgl. Kreckel, op. cit., 124). Die 'Mediale Anthropologie' (vgl. z. B. Faßler 2005, 339ff.) glaubt schon, den Begriff überwunden zu haben (vgl. Kap. 2). Der traditionelle Kulturbegriff (der soziologischen Lehrbücher) erzeugt nicht nur Probleme dadurch, dass seine 'materiellen' und 'symbolischen' Aspekte 'verflochten' sind, das heißt man weiß nicht, wie man diese 'Wechselwirkungen' näher beschreiben kann, sondern auch dadurch, dass er einer „Einbettung in eine gesellschaftstheoretische Orientierung" (Kreckel, op. cit., 129) bedarf, das heißt, „daß Kultur stets mit Geschichte 'imprägniert' ist, und zwar in aller Regel mit einer Geschichte sozialer Ungleichheit" (ders., op. cit., 183). Die „gesellschaftstheoretische Schlüsselfrage nach der sozialen Ungleichheit" (ders., op. cit., 185) war und ist für die Soziologie seit ihren Anfängen eine strategische Orientierung. Dem sofort aufkeimenden allgemeinen Ideologieverdacht ist jedoch entgegenzuhalten, dass fast alle sozialen Kasten, Klassen, Stände, Schichten und Gruppen (zentrale wie periphere) von ähnlichen Erkenntnisinteressen bei der Fragestellung motiviert werden!

Es muss sich auch noch herausstellen, ob der Kulturbegriff mehr leistet als der der Gesellschaft, wenn man diesen von seinen geschichtsphilosophischen und 'romantischen' Hypothesen befreit. Der Begriff des 'Handelns' muss jedoch dahingehend modifiziert werden, dass seine Differenzierung in 'materielles' und 'kommunikatives' Handeln nicht so viele Aspekte der modernen sozialen Wirklichkeit übersieht. Ferner weist das Konzept des 'Mit-Handelns' und der 'sozialen Hybride' darauf hin, den Interaktionsbegriff für Subjekt-Objekt- und Objekt-Objekt-Dimensionen zu erweitern (vgl. Kap. 3). Die Soziologie der Technik (insbesondere der Computertechnologie) und der Informatik legen die Empfehlung nahe, den traditionellen Handlungsbegriff der Soziologie zu einem allgemeinen sozialen Verhaltensbegriff zu erweitern. Ein solcher (methodologisch) 'aufgeklärter' Verhaltensbegriff könnte vielleicht dem informationstechnologischen Imperialismus Einhalt gebieten.

Ein wortgewaltiger Anführer dieses wissenschaftspolitischen Imperialismus ist der ehemalige Soziologe und zum Medienwissenschaftler konvertierte Manfred Faßler (vgl. Kap. 2). Er hat sich von 'messerscharfen' Bestimmungen des 'Kulturellen' und 'Sozialen' gelöst:

> „Wir betreiben das Geschäft der Unschärfe, also der evolutionären Kooperation(!), bei gleichzeitiger Optimierung der Randzonen von Kultur, unseres Alltags, unserer Berufe. Wirtschaftswissenschaftler nennen es constrained optimization, in den Naturwissenschaften ist es als

boundary management bekannt. Informationsflüsse befördern Grenzgängertum, den Transit, die anpassenden Transformationen.
Überlieferte großräumige Ordnungsvorstellungen, wie Gesellschaft und Kultur, stehen unter dem Fluch der Dimensionalität des Informationsflusses. Mit ihm verbindet sich eine exponentielle Zunahme der Regeln und Programme, Informationen zu schalten, zu verdichten, zu speichern, zu transportieren, neu zu aggregieren, zu mischen, sie schaltbar und sinnlich wahrnehmbar zu machen. Die Nutzung des infografischen Universums erzeugt immer mehr eigenwertige Räume, Zeiten, Populationen, immer mehr soziale Systeme zwischen den Gesellschaften, immer mehr Kulturen zwischen den Kulturen." (Faßler, 2005, 298f.).

Durch das Internet sind zahlreiche neue 'Populationen' und Sozialformen jenseits von 'Gesellschaft' und 'Kultur' entstanden. Die Beobachtungsebene verschiebt sich vom sozialen Handeln zu den 'formativen, strukturellen und semantischen Praxen' (ders., ebd.). Der Computer schafft neue 'Gedankenkulturen' („kleine Treibhäuser der Unterscheidungen"; ders., op. cit., 300). Sie demonstrieren, dass die 'Gesellschaft' eine 'vergängliche' Form ist. Der fruchtbare Begriff wird in Zukunft der der „medien- und informationserzeugenden Population" sein (ders., op. cit., 301). Diese 'i-Populationen' verhalten sich gemäß der Parameter einer 'Evolution des Künstlichen'. Die sich hierauf beziehenden Handlungen werden durch Aktivitäten des Gehirns vorbereitet: „Das Gehirn wird Speicher und Quelle für Verhaltens-Wissen und Gedanken-Wissen." (ders., op. cit., 305). Die in der kulturellen Evolution entstandenen Medien werden zum „Gehirn-Assistent" (ders., op. cit., 305). Das Angesicht der Welt wird für den Menschen zunehmend 'medial'. Die Gesellschaft ist keineswegs der 'Motor' dieser Entwicklung, sondern eher ein 'Kontrollmechanismus'. Doch: „Gesellschaft war und ist eine Art Vermarktung von kulturellen Erfindungen." (ders., op. cit., 306). Welche Wissenschaft aber kann 'nach der Zeit der Gesellschaft' die richtigen und wichtigen Fragen stellen? Es werden nach Faßler solche Wissenschaften sein, die Begriffe wie „Interface-Kulturen" benutzen (vgl. ders., op. cit., 308) und Begriffe wie 'postbiologisches Leben' und 'Postsozialität' in die Theorien eingeben und die Menschen, die Roboter als ihre 'logisch-konstruktiven Verwandten' ansehen (vgl. ders., op. cit., 310). Doch 'Kulturen' sind „Einschluss- und Anschlussverfahren" zur Bestandserhaltung, das heißt dem System Zeit zur Selbstorganisation bereitzustellen (vgl. ders., op. cit., 311). Der Computer erzeugt so eine Begrifflichkeit eines neuen 'Online-Weltdenkens', welches auch das 'Offline-Denken' beeinflussen wird und das 'Buch-Weltdenken' ablösen wird (vgl. ders., op. cit., 312). Das neue Online-Weltdenken wird zu einer weiteren Begriffsanstrengung führen, was eigentlich mit 'künstlich' gemeint sein könnte (z. B. wie das 'Umgebungswesen' Mensch seine eigene Virtualisierung seiner Existenz künftig erzeugt) – durch 'hybride' Informationsverarbeitung (vgl. ders., op. cit., 312). Faßler stellt auch die interessante Frage nach dem 'Dazwischen', nicht mehr bezogen auf die

Interaktion zwischen Menschen (vgl. Harbach 2008, 207ff.), sondern das technische 'Dazwischen' von Mensch und Medium/Maschine (Faßler, op. cit., ebd.). Die Computertechnologien werden demnach die Kulturleistungen der Zukunft erbringen: „Das Faktum, dass jede Technik Kultur ist, dass jede Rechenoperation eine kulturelle Operation mit unbestimmter Wirkung ist, scheint nicht allen beteiligten Fachrichtungen der Hybridisierungs-Debatten deutlich zu sein, – und nicht einmal allen Künstlern, die für sich erklären, im Zentrum der medialen Entwicklung zu stehen. Es ist zu erwarten, dass die wissenschaftlichen Streits um die 'richtige' Begrifflichkeit für das, was verallgemeinernd als künstlich beschrieben ist, noch dauern werden." (ders., op. cit., 313).

Dies liegt wahrscheinlich daran, dass die 'Phasenübergänge' zwischen 'Natürlichem' und 'Künstlichem' nicht genau genug beobachtet wurden. Die Computertechnologie verstärkt ein Verhalten, was den Menschen schon immer gezeigt haben dürfte. Er schafft es, die Bedingungen der Möglichkeit seiner Existenz immer wieder 'neu', durch „autogene Virtualisierung" (Faßler) zu bestimmen – durch Denken? Der Beschleunigungsprozess wird wesentlich dadurch beeinflusst, dass die Kommunikation zunehmend auch unter 'Abwesenden' abläuft, und der Mensch sich 'eigentlich' in „seinen Hybriden erst erkennt" (ders., op. cit., 314). Eine neue medientechnologische 'Sinnlichkeit' ist im Entstehen. Nach Faßler ist es an der Zeit, 'Mensch-sein-wollen' neu zu formulieren – Mensch-bleiben-wollen auch?

Die Computersoftware wird die Basis der 'zukünftigen Kulturen' sein. Die Entwicklung der 'Software' steht im Mittelpunkt der zukünftigen Beschreibung der menschlichen Existenz, jenseits der überholten Theorien der Soziologie, Psychologie – und Anthropologie (vgl. ders., op. cit., 316). Der ganze Prozess lässt sich mit einem (allerdings nicht unproblematischen) Evolutionsbegriff beschreiben, mit dem einer 'evolvierenden Evolution', in dem der 'Unterschied den Unterschied macht', insofern es noch keine konsensfähige Begrifflichkeit gibt oder die Notwendigkeit entsteht, den Tautologiebegriff neu zu formulieren (vgl. ders., op. cit. 317). Der Evolutionsbegriff ist eine 'fuzzy Kategorie', aber alle benutzen ihn, um das hybride menschliche Verhalten (mit seinen artifiziellen, abstrakten, belebten und unbelebten Elementen) makroskopisch zu fassen.

Für die Interaktion von belebten und unbelebten Akteuren, den 'Wechselwirkungen' des Menschen mit seiner Umwelt, gibt es seit langem schon einen passenden Begriff, nämlich den des 'Lernens'. Ein Begriff, der als einer der wenigen in den Sozial- und Kulturwissenschaften eine kleine Menge an konsensfähigen und nützlichen Beobachtungen erzeugt hat. Die unbefriedigenden Endergebnisse der 'großen Erzählungen' von den humanistisch-kognitivenhermeneutischen Wendungen in den Menschenwissenschaften rehabilitieren untergründig die klassische Lerntheorie einschließlich ihrer evolutionstheoretischen 'Einbettung' (vgl. Harbach, 2004). Die sozialwissenschaftliche Begriffs- und Theoriebildung scheint das Opfer von 'Entthematisierungen' (Faßler) geworden zu sein (vgl. ders., op. cit., 319). Im Gegensatz zu Manfred Faßler bin ich allerdings der Meinung, dass 'Evolution' etwas 'Geheimnisvolles' ist, zumindest auf der Ebene ihrer Beschreibung durch Begriffe wie 'Emergenz' und 'autologischer' Mechanismen (vgl. ders., op. cit., 320).

Immanuel Kant würde sagen, die Begriffe sind 'unredlich', sie versprechen mehr als sie halten. Auch sie gehören vielleicht in die „Kramkiste des Zurückgelassenen" (ders., op. cit., 320). Ein weiterer Begriff, der durch die Informationstechnologie modifiziert wird, ist der zentrale Begriff der 'Interaktion':

> „'Interaktion' (sofern auf Menschen ausschließlich bezogen) oder 'Interaktivität' (sofern auf Mensch-Maschine-Interfaces bezogen) ist, wie Michael Tomasello in seinen Hominidenforschungen und experimentalpsychologischen Arbeiten zeigt, abhängig davon, dass Menschen einen Bezugsbereich bei anderen annehmen können, der nicht im Verhältnis mit ihnen aufgeht. In Interaktion ist die Fähigkeit eingelagert, in dem Mitmacher positiv mehr zu vermuten, als er im Handlungsmoment darstellt. Insofern ist Interaktion/Interaktivität ein Handlungs- und ein Strukturkonzept. Handlung, weil agierende und reagierende Menschen beschrieben werden, die im Moment der Handlung ihre Interessen, Zielsetzungen, Erwartungen äußern, darstellen, koordinierend einsetzen, kooperativ 'übersetzen'. Insofern ist es immer eine Inter-Re-Aktion, die es zu beobachten gilt. Hieraus ergeben sich die Strukturdimensionen. Struktur hält die Wege der Verwirklichung von Handlungen bereit, die Objekte, die Zielfelder für Interaktion/ Interaktivität. In ihr wird die indirekte Re-Aktion vorgegeben; wodurch zugleich Veränderung der Struktur möglich wird." (ders., op. cit., 324f.)

Der Interaktionsbegriff verliert sich demnach noch nicht in der fuzzy-Logik der 'kleinen' Erzählungen der Medienphantasmen. Der makroskopische Kulturbegriff wird informationstheoretisch reduziert (vgl. ders., op. cit., 330), indem eine 'posthumane' und 'postsoziale' Perspektive eingenommen wird, die auch die „mediale Selbstbefähigung des Menschen" (Faßler) auf den Weg gebracht hat. Diese Selbstbefähigung des Menschen zur Erfindung von abstrakten, virtuellen und fiktiven Welten (der Medienwissenschaften) hat nach Vilem Flusser viel damit zu tun, die 'menschliche Sterblichkeit' vergessen zu machen, daher auch die Vergötzung der 'Artefakte' (vgl. ders., op. cit. 332). Ist die Medio-Logie eine neue 'Fundamentalontologie', in der 'Evolution' sich ereignet und Komplexität 'geschieht' (vgl. ders., op. cit., 334)? Aber auch bei der 'Ko-Evolution' (dem Grundbegriff der Medio-Logie) weiß man nicht mehr, was alles mit wem 'evolviert'! Manfred Faßler ist aber zuzustimmen, wenn er behauptet, dass die traditionellen Kultur- und Sozialwissenschaften sich schwer tun, das „Nichtmenschliche" und das „Unbelebte" in ihren Theorien adäquat zu berücksichtigen. Die 'Dinge' der materiellen Umgebung werden nicht als existenzielle 'Lebensmittel' angesehen (vgl. ders., op. cit., 339), wie die o. g. Zitate aus den

Lehrbüchern der Soziologie belegen. Der Vorwurf, dass Luhmanns Systemtheorie die materiellen Aspekte des Medialen nicht berücksichtigt, ist jedoch unbegründet, wenn man sich die in allen seinen Publikationen vorkommende Aufmerksamkeit für den Buchdruck vergegenwärtigt (vgl. 1998, 302ff.). Das Problem könnte darin begründet liegen, dass 'Lernprozesse' bei den meisten Autoren als 'natürliche Selbstverständlichkeit' angesehen werden – angesichts ihres ständigen Ringens um 'glaubwürdige Künstlichkeit' (Faßler). Auch die 'Nach-Denker' über den Zivilisationsprozess (z. B. Norbert Elias) ließen sich hierdurch wichtige Beobachtungen entgehen. Ein Argument, welches nach meiner Meinung durchaus bedenkenswert ist. Die Kategorien der Gesellschaftswissenschaften sind nach Faßler an den Lebensbegriff angelehnt, ohne zu berücksichtigen, was sonst noch das soziale Leben aufrechterhält. Soziale Systeme können demnach nicht über einen geschlossenen Satz von Funktionen beschrieben werden (wie dies Parsons versuchte). Schon Max Weber hatte vermutet, dass ein umfassender Gesellschaftsbegriff nicht möglich ist, da dieser „problematische Unendlichkeit erzeugen" würde (in Lenk 1978).

Die Luhmannsche Systemtheorie könnte nach Faßler dadurch verbessert werden, dass die Zeitvariable bei der Bestandserhaltung von Systemen stärker berücksichtigt würde und der Selektionsprozess bei der 'strukturellen Koppelung' näher beobachtet werden könne. Richtig ist aber danach die Beobachtung von Richard Münch, dass die 'Interpenetration' den zentralen Mechanismus der Evolution darstellt (vgl. Faßler, op. cit., 343). Der übergeordnete Prozess ist der der 'Evolution der Kommunikation', vor allem der Entwicklung von 'belebten' zu 'unbelebten' Speichern der Information. Der Interaktionsprozess ist 'transkulturell' und 'transsozial' geworden. Die These der soziologischen Theorie über den Zusammenhang von 'Differenzierung' und 'Integration' (z. B. bei Durkheim und Parsons) muss demnach reformuliert werden. Alles läuft auf die Einsicht hinaus, dass die 'medialen Fähigkeiten' des Menschen den zentralen Mechanismus der Evolution bilden: „Mit Medien erzeugen und verfügen Menschen Welt, und zwar andauernd." (ders., op. cit., 346). Die Medien 'importieren' das Unbelebte in die Gesellschaft und platzieren das soziale Handeln zunehmend in 'künstliche Umwelten'. Wie kann man dann 'Lebenswelt' neu definieren? Die neue 'Medio-Logie' erzwingt (nach Faßler) ein neues Konzept des Sozialen, jenseits von Intersubjektivitäten und der Logik von 'System-Umwelt-Beziehungen'. „Das Soziale ist längst eine Region des Globalen geworden." (ders., op. cit., 350). Die Schwierigkeit der Begriffsbildung bei der Beschreibung der 'CyberSociety' wird jedoch nicht so groß sein, wie Faßler (und andere) befürchten. Die Sozialwissenschaften müssen nach Faßler zu Medienwissenschaften werden, und diese zu 'Softwarewissenschaften' (vgl. ders., op. cit., 351). Aber was ist eigentlich 'Software'?

„Software – Nicht materielle Komponenten eines ▷ Datenverarbeitungs- ▷ Systems: ▷ Daten und ▷ Programme; die Daten werden bei der Nennung oft vergessen, was dann etwa die gleiche Brisanz hat wie ein Kochrezept ohne Lebensmittel.“ (Lexikon der Informatik, op. cit., 780).

Bei auf menschliche Akteure bezogenen ‘Daten’ handelt es sich häufig um Reifikationen beobachterabhängiger (radikaler) Konstruktionen, die sich aber auf ‘realistische’ empirische Theorien (z. B. der Neurophysiologie) stützen (vgl. Harbach 2004, 148f.).

Wie das menschliche Gehirn aber aus den Datenströmen ‘Bedeutungen’ konstruiert, ist bis heute noch unvollständig aufgeklärt (vgl. Roth 1997, 335), das heißt, es ist sinnvoll, den Begriff der ‘Abstraktion’ vorsichtig zu gebrauchen, wenn es darum geht, den Begriff der ‘Kultur’ der Gesellschaft näher zu besimmen (vgl. Kap. 2). Sowohl Faßler als auch Luhmann scheinen dieses Problem nicht ernst zu nehmen. Die neurophysiologischen ‘Grundlagen’ (z. B. der Autopoiesistheorie), wie sie z. B. von H. von Foerster, Maturana, Varela und anderen) formuliert worden sind, sind selbst aus konstruktivistischer Sicht ernsthaft kritisiert worden (vgl. Knorr-Cetina 1989, 80ff.; Dettmann 1999, 143). Der ‘realistisch’ gestützte Konstruktivismus produzierte zahlreiche neuartige ‘naturalistische Fehlschlüsse’ (vgl. z. B. Maturanas Experimente zur Farbwahrnehmung und zum ‘blinden Fleck’). Diese Experimente sind aber selbst für radikale Konstruktivisten und postmoderne Überwinder des ‘alteuropäischen Denkens’ (z. B. der traditionellen Logik) ein Graus (vgl. Harbach, op. cit., 123).

Die sozialwissenschaftlichen Begriffe sind überraschend gut vorbereitet auf den Einbruch der Informatik, da sie es letztlich auch nur mit ‘erdachten Welten’ (Faßler) zu tun haben. Selbst der Arbeitsbegriff, an den man zuerst denkt, wenn es darum geht, die sozialwissenschaftliche Begrifflichkeit zu modifizieren, ist selbst in seiner marxistischen Version ‘fortschrittlich’. Arbeit ist ja „ein Prozeß zwischen Mensch und Natur, (…) worin der Mensch seine eigene Tat vermittelt, regelt und kontrolliert“ (Philosophisches Wörterbuch 1, 1972, 99). Der Weg, die Arbeit als ‘hybriden’ Handlungsprozess zu verstehen, welcher die ‘Produktivkräfte’ entwickelt, war schon geöffnet. Die ‘technosoziologische’ Aufbereitung des Historischen Materialismus ist bis heute ungenügend. Marx selbst trug sich ja mit dem Plan, eine Geschichte des ‘Werkzeugs’ zu schreiben (s. o., Kap. 1). Die Modifikation der sozialwissenschaftlichen Begriffe (unter dem Einfluss der neuen Informationstechnologien) reflektiert die uralte Einsicht, dass das soziale Leben meist durch ‘Dinge’ vermittelt wird, die selbst einer bestimmten ‘Eigenlogik’ und ‘Eigengesetzlichkeit’ gehorchen. Diese Dinge handeln nicht nur ‘mit’, sondern auch immer durch die impliziten Urteile über die Welt, in der wir eine ‘Ordnung’ in die ‘Einzeldinge’ bringen. Das menschliche ‘Bewusstsein’ und der menschliche ‘Geist’ ist von materiellen und künstlichen Dingen bevölkert. Der Faustkeil, die Handmühle, die Dampfmühle – und der Computer sind mit dem jeweiligen Normsystem sozial lebender Gruppen assoziiert. In gewissen Epochen gewinnen die Dinge und Artefakte die Oberhand im Denken und 'verdinglichen' das Bewusstsein. Die sozialwissenschaftliche Begriffsbildung hat der Wahrnehmung und kognitiven Verarbeitung (dem Lernen) dieser 'Dinge' unseres Lebens zu wenig Aufmerksamkeit geschenkt – oder das diesbezügliche Wissen über das 'materielle Substrat' des Sozialverhaltens als 'selbstverständlich' vorausgesetzt und vergessen. Die leise, fast unmerkliche Medialisierung der sozialen Verhältnisse durch Artefakte wurde durch die makroskopische Begrifflichkeit (z. B. 'technischer Fortschritt oder 'cultural lag') eher verschleiert. Die neue Sensibilität über den Einfluss der Technologien auf das menschliche Verhalten ist eine Art Restauration des Denkens über Subjekt-Objekt-Subjekt-Interaktion. Diese Interaktion (resp. Interaktivität) auf die Objekt-Objekt-Beziehung zu definieren, ist im Lernbegriff schon angelegt. Der Begriff des Lernens (als 'Modifikation des Verhaltens' durch Kontingenzen der natürlichen und kulturellen Evolution) verhindert die totale Denunzierung der kumulierten Wissensbestände (auch der 'alteuropäischen') und auch den totalen Ideologieverdacht gegenüber der neuen Medio-Logie, die ja eine eigene Epistemologie begründen will (vgl. Kap. 2). Die neue 'Medio-Logie', die ja hauptsächlich von computerwissenschaftlich aufgeklärten Soziologen betrieben wird, scheint gut beraten, sich den alteuropäischen Fragen der Erkenntnistheorie und Begriffsbildung ernsthaft zu stellen – auch mit dem Ziel, diese zu 'überwinden'. Der Computer erzeugt auch dadurch Schnittstellen zur geisteswissenschaftlichen Reflexion, da er Vorstellungen vom Allgemeinen (Begriffe) produziert, die der 'Anschauung' nicht mehr zugänglich sind. Der für die 'Medio-Logie' zentrale Begriff der 'Abstraktion' verwirrt zunächst durch seine Doppeldeutigkeit und verdrängt das 'Urbild', von dem die 'Abziehung' seinen Ausgang nahm. Ist die neue Abstraktionstheorie (z. B. bei Faßler, s. o.) wieder eine Suche nach 'Ursprüngen'?

Die informationswissenschaftliche Begriffsbildung ist nicht eigentlich innovativ, denn sie versucht Felder zu besetzen, in denen schon ('allzeit') Begriffe anwesend sind! Deshalb vielleicht gibt es die neue Vorliebe für die Bildmetaphorik! Sie geht dabei immer noch von einem alten Gedanken der Metaphysik aus, dass zwischen 'Form' und 'Material' ein sinnlich wahrnehmbares Verhältnis besteht, das am einzelnen 'Ding' (mit Hilfsmitteln) beobachtbar ist. Auch die Beziehung der Grundbegriffe 'Medium' und 'Information' bleibt häufig unklar. Die Dispositionsprädikate werden bei der Maschine II wie beim Menschen am äußeren Verhalten festgemacht (auch die 'Intentionen' von Computerprogrammen, vgl. Kap. 3). Der Computer wird immer mehr zu dem, was viele schon immer hofften – zur 'black box' der Lerntheorie, und er emanzipiert sich zunehmend von der ‘white box’, von den festen Programmen des ‘Rechenknechts’.

Die Begriffsanalyse zeigt u. a., dass viele Begriffe der Medienwissenschaft ‘überbestimmt’ sind (z. B. ‘Information’). Eine weiterführende Einsicht erzeugt sie jedoch: Die gegenseitige Befruchtung von Computerwissenschaft und den Sozial- und Verhaltenswissenschaften ist wesentlich davon abhängig, welche Forschungsdesigns sich entwickeln lassen, um das Verhalten (auch des ‘verbalen’) der zentralen Akteure (der ‘Smartjects’, ‘Smart Populations’, User-Eliten usw.) empirisch zu erforschen, um z. B. zu fragen, ob die allgemeinen Verhaltensgesetze der Kleingruppentheorie auch im Hamburger Chaos-Computerclub gültig sind!

4.3 Computer und menschliches Verhalten

In vielen Lehrbüchern der Soziologie werden bereits die Anfangssemester mit den Großthemen der sozialwissenschaftlichen Methodologie traktiert: Mikro- vs. Makrotheorie (einschließlich Emergenzproblem), Werturteil vs. wissenschaftliche ‘Objektivität’ (einschließlich ‘Positivismusstreit’ und ‘Logik’ der Sozialwissenschaften) und Naturwissenschaften vs. Kulturwissenschaften, bzw. ‘Erklären’ vs. ‘Verstehen’, oder auch ‘Verhalten’ vs. ‘Handeln’.

‘Verhalten’ wird dabei meist als „allgemeinste Bezeichnung für jede Reaktion eines Organismus [verstanden], gleichgültig ob das Individuum damit einen subjektiv gemeinten Sinn, eine Absicht, einen Zweck usw. verbindet oder nicht“ (Lexikon zur Soziologie, 711). ‘Handeln’ dagegen wird „oft in spezifischer Absetzung vom Begriff des Verhaltens benutzt, um die Besonderheit des menschlichen Verhaltens gegenüber dem tierischen Verhalten zu betonen, nämlich dessen Intentionalität oder Zielgerichtetheit (action). Verbunden mit einer solchen Verwendungsweise des Begriffs H. ist in der Regel ein methodisch (Methode des Verstehens) begründeter Autonomieanspruch der Sozialwissenschaften als Wissenschaften vom menschlichen Handeln“ (Lexikon zur Soziologie, op. cit., 263).

In dem weit in die Philosophiegeschichte reichenden Streit um die adäquate Beschreibung des menschlichen Handelns geht es im Kern darum, ob es so etwas wie Subjective Aspect Unique to Conscious Experience (‘SAUCE’) im menschlichen Leben gibt (vgl. Dennett 2005, 91).

Nach Meinung der modernen ‘Naturalisten’ in der Philosophie ist diese ‘Intuition’ vom Aussterben bedroht, denn im menschlichen Bewusstsein gibt es keinen ‘Oberaufseher’, keine ‘zusätzlichen Dinge’, keine ‘Seele’, auch keinen ‘Elan vital’: „Wir sind aus nichts anderem als geistlosen Robotern gemacht, es gibt hier überhaupt keine nicht-physikalischen, nicht roboterartigen Bestandteile." (ders., op. cit., 15) Die Leibnitzsche 'Intuitionen-Pumpe' hat danach die Philosophie und die von ihr abhängigen Menschenwissenschaften in die Irre geführt – hauptsächlich dadurch, dass sie diese von 'Qualia' träumen ließ. Dieses sind die 'intrinsischen Qualitäten' des subjektiven Erlebens, die unser Leben erst 'lebenswert' machen, aber sich dem 'naturwissenschaftlichen' Zugang entziehen. Ein Akteur ohne Qualia ist demnach ein 'Zombie'. Die meisten Akteure in den traditionellen Geistes- und Sozialwissenschaften sind folglich 'Zombies'! Ihnen fehlt das „Mikro-je-ne-sais-quoi" (ders., op. cit., 23). Für „Reaktionäre" und „Mysterianer" wie Noam Chomsky, Thomas Nagel, David Chambers – und Jürgen Habermas bleibt bei der naturwissenschaftlichen Bewusstseinstheorie stets eine „Erklärungslücke" bestehen (vgl. ders., op. cit., 20). Denn eine „Dritte-Person-Wissenschaft" dringt nicht ins Zentrum des Bewusstseins vor. Der verhaltenstheoretische Funktionalismus ebenso wie eine „Heterophänomenologie" (die Perspektive der 'dritten Person') sind der „Ersten-Person-Perspektive" (z. B. 'Introspektion') und selbst Alltagstheorien weit unterlegen. Aber die Zombietheorie gerät zunehmend in Verlegenheit: „Die bloße Existenz von Computern hat einen Existenzbeweis geliefert, dessen Einfluß nicht bestritten werden kann: Es gibt Mechanismen – primitive, nicht-mysteriöse, nach für gewöhnlich gut verstandenen physikalischen Prinzipien ablaufende Mechanismen –, die viele derjenigen Kompetenzen besitzen, die vordem allein dem menschlichen Geist zuerkannt wurden." (ders., op. cit., ???).

Die heutigen neurophysiologisch orientierten Kognitionswissenschaften ersetzen zunehmend die geisteswissenschaftlichen Begriffe (u. a. 'Handeln') und favorisieren einen allgemeinen Verhaltensbegriff, der mit einer naturalistischen, mechanistischen Erklärung des Bewusstseins kompatibel ist (vgl. ders., op. cit., 20). Aber auch moderne Philosophen, sofern sie sich nicht in den ruhigen Hafen der traditionellen Religion geflüchtet haben (z. B. Carl Friedrich von Weizsäcker), sahen sich nach der Debatte zur Künstlichen Intelligenz veranlasst, über „Quantenfluktuationen in der Mikrotubili der Neuronen (ders., op. cit., 22) zu spekulieren (z. B. Roger Penrose, 2002). Leibnitz' Mühle dreht sich aber noch immer! Sie macht den 'Brights' bis heute Kopfzerbrechen. Wäre Leibnitz heute Mitglied dieser ketzerischen Vereinigung? Sind 'smartjects' die (post)modernen 'Brights'? Sicher ist der heutige 'keyboard cowboy' kein reiner 'Heterophänomenologe', denn er grübelt darüber nach, wie es ist, ein 'Computer' zu sein (es ist sicherlich anders, als eine Fledermaus zu sein! vgl. Nagel 1974, 435ff.). Den Streit zwischen Handlungs- und Verhaltenstheoretikern kann man nach Dennett als den zwischen Vertretern der 'Erste-Person'- und den der 'Dritte-Person-Perspektive' bezeichnen. Im Gegensatz zu Oswald Schwemmers Vorschlag, 'zirkelfrei' bei der soziologischen Forschung immer mehr Ereignisse rational zu rekonstruieren, d. h. einer 'Argumentation' zugänglich zu machen (s. o.), sucht das Forschungsprogramm der naturalistisch-funktionalistischen Methode der Heterophänomenologie immer mehr Bewusstseinsphänomene einer objektiven Untersuchungsmethode zuzuführen, ohne 'Selbstbeobachtungen' sofort kategorisch auszuschließen (zu 'Quinen'). Ist der 'neurale Darwinismus' (Dennetts) nur ein 'dünner Materialismus' oder ein konstruktiver Funktionalismus? Was wird aus dem 'Subjekt'?

Ein weiterer zentraler Begriff in der methodologischen Debatte zwischen Handlungs- und Verhaltenstheoretikern ist der des 'Erlebens'. Er bezeichnet nach Dilthey einen zentralen Forschungsgegenstand der Geisteswissenschaften: „Das Erlebnis steht nicht als Objekt dem Auffassenden gegenüber, sondern sein Dasein für mich ist ununterschieden von dem, was in ihm für mich da ist." (ders., 1910). Ein solches 'Dasein' verhüllt seine Existenz vor der Heterophänomenologie! Es ist eine 'Dritte-Person-Perspektive' prinzipiell unzugänglich. Kann dies aber eine 'rationale Rekonstruktion' (etwa im Sinne von Oswald Schwemmer und Jürgen Habermas) leisten? Nach Niklas Luhmann sind die entsprechenden kognitionspsychologischen und motivationspsychologischen Theorien inzwischen durch die Empirie 'domestiziert' worden, da das Verhältnis von 'Erleben' und 'Handeln' noch weitgehend unaufgeklärt ist (vgl. Luhmann 1978, 235f.). Der Begriff des Erlebens diente in der Geschichte der Soziologie u. a. dazu, die 'Adäquatheit' des Handelns auf 'Rationalität' einzugrenzen. Nach Luhmann sind sowohl Erleben als auch Handeln in jedem Fall menschliches Verhalten. Beides sind „körperbedingte und dadurch sequentialisierte Vollzüge" (ders., op. cit., 237). Beiden ist das Merkmal 'Intentionalität' gemeinsam. Worin aber besteht die Differenz?

> „Die Differenz von Erleben und Handeln wird demnach durch unterschiedliche Richtungen der Zurechnung konstituiert. Intentionales Verhalten wird als Erleben registriert, wenn und soweit seine Selektivität nicht dem sich verhaltenden System, sondern dessen Welt zugerechnet wird. Es wird als Handeln angesehen, wenn und soweit man die Selektivität des Aktes dem sich verhaltenden System selbst zurechnet. Wohlgemerkt: Ein Verhalten des Bezugssystems des Zurechnungsprozesses ist immer im Spiel. Im Zurechnungsprozeß geht es nicht um die Verortung der Tatsache des Verhaltens, sondern um die Verortung seiner Selektivität, nämlich um die Lokalisierung der Ursache dafür, daß etwas so und nicht anders abläuft." (ders., op. cit., 237)

Der Luhmannsche Handlungsbegriff entspricht zunächst durchaus der Tradition, der auch eine Implikation von Handeln und 'Unterlassen' bzw. 'Dulden' erlaubt. Problematisch erscheint aber zunächst der Begriff der 'Zurechnung'. Luhmann lehnt sich an den klassischen Begriff der Attributionstheorie Heiders an, gemeint ist hier eher ein 'Zudenken' und keine 'Rechenoperation', wobei immer ein 'Rest' zurückgelassen wird, der nicht 'entscheidungsnotwendig' ist (vgl. ders., op. cit., 239). Der Attributionsprozess findet aber letztlich seine Begründung im Sinnkonzept, welches „aller menschlichen Informationsverarbeitung untranszendierbar zugrunde liegt“ (ders., op. cit., 239). ‘Kontingenz’ wird hier zur ‘Daueraktualität’, sie ist „Selektionsbewußtsein am Objekt“ (ders., op. cit., ebenda). Bei der Beschreibung von Zurechnungsprozessen ist der Kausalitätsbegriff nach Luhmann keine Hilfe. Er liefert quasi nur eine Vor-Formulierung der Zurechnung. Im Unterschied zum ‘Erleben’ ist ‘Handeln’ im Selektionsprozess „sein eigener Sinn selbst“ (ders., op. cit., 240). Zurechnungen selbst aber werden ‘erlebt’ – als ‘erfolgreich’/sinnvoll oder oder ‘erfolglos’/ sinnlos! Garantiert der Prozess der Handlungszurechnung, dass der Zurechnende die ‘Freiheit’, anders handeln zu können, erfährt? „Soweit dem eine psychologisch faßbare Realität entspricht, ist sie (ebenso wie der gesamte Zurechnungsschematismus) kulturabhängig, also gelernt.“ (ders., op. cit., 247). Aber Lernprozesse sind ohne ‘Kausalität’ nicht zu beschreiben! Oder ist eine ‘Erklärung’ menschlichen Verhaltens eigentlich doch ‘unmöglich’? Nach Chisholm kann es deshalb auch keine ‘vollkommene Menschenwissenschaft’ geben, was durchaus weitverbreitetem Alltagsverständnis entspricht (vgl. Chisholm 1978, 391).

Ein weiterer Nebenschauplatz des Streites zwischen Handlungs- und Verhaltenstheoretikern ist der zwischen ‘Intentionalisten’ und ‘Kausalisten’. Erstere (vertreten z. B. durch den in der Soziologie prominenten G. H. von Wright) sehen das menschliche Verhalten (Handeln) als eine selbstständige Kategorie an, dessen Elemente sich nicht erschöpfend auf natürliche Sachverhalte reduzieren lassen, d. h. nicht restlos durch Gesetzesaussagen ‘erklären’ lassen. D. h. wiederum, eine so verstandene Handlungstheorie ist letztlich ‘dualistisch’ – bis hin zu einer hieraus abgeleiteten ‘personalistischen’ Handlungstheorie (agency theory; vgl. Marek 1978, op. cit., 257). Der hierzu konstruierte ‘Akteur’ ist relativ frei vom Zwang der ‘Sachverhalte’. Die handelnde Person ist zwar ‘autonom’, erfreut sich aber keines reinen ‘Indeterminismus’. Diese kann ‘selbst’ kausal agieren und in den ‘natürlichen’ Ablauf der Geschehnisse eingreifen (vgl. ders., op. cit., 258). Intentionalisten distanzieren sich von der Idee der ‘Einheitswissenschaft’ und versuchen eine eigene Methodologie und Forschungsmethode zu entwickeln. Ein Kerngedanke des Intentionalismus ist dabei die Vorstellung, dass die Verbindung zwischen Intentionen (Motive, Absichten, Gründe etc.) und dem entsprechenden Handlungsvollzug rein begrifflicher Natur ist, d. h. dass ein ‘praktischer Syllogismus’ zur Beschreibung von Handlungen ausreichend ist. Die ‘kausalistischen’ Verhaltenstheoretiker bestehen nun aber darauf, dass noch ‘nicht-logische’ (empirische) Verknüpfungen hinzukommen müssen, um eine sinnvolle Aussage über menschliches Verhalten (Handeln) machen zu können. Der denknotwendige Tautologieverdacht gegenüber der verhaltenstheoretischen Soziologie, den man selbst in Standardwerken des Theorievergleichs noch häufig findet (vgl. Haller 2003, 154), ist demnach einem latenten Intentionalismus der Soziologie als 'Menschheitswissenschaft' geschuldet. Für den 'Kausalisten' aber sind auch kognitive und volitive Einstellungen kausal mit der Handlung verknüpft (vgl. Marek, op. cit., 259). Einen dritten Weg versucht Chisholm mit seiner 'personalistischen' Handlungstheorie zu gehen, indem er den Begriffsbereich verschiebt:

> „Vom Kausalismus unterscheidet sich Chisholms Position dadurch, daß die Teilformel 'die Person trägt kausal dazu bei, daß a geschieht' eine eigene Kausalrelation darstellt, die in Anlehnung an scholastische Traditionen 'immanente Kausalität' genannt wird und die der Kausalrelation zwischen Ereignissen (Sachverhalten), der transeunten Kausalrelation, entgegenzustellen ist. Für die immanente Kausalrelation ist demnach charakteristisch, daß eine handelnde Person als Ursache für Ereignisse auftritt, wobei aber die Beschreibung einer derartigen Ursache nicht völlig in Ereignisbeschreibungen aufzulösen, die immanente Kausalität also nicht weiter auf die transeunte zurückführbar ist. Eine zu Recht 'frei' genannte Handlung wird letztlich und wesentlich durch das Handlungssubjekt bestimmt; physische, physiologische, psychische und soziale Determinanten können höchstens notwendige Bedingungen für das Durchführen einer Handlung darstellen, sind demnach Bedingungen dafür, daß die Person etwas nicht getan hätte, wenn die Bedingung nicht eingetreten wäre." (Marek, op. cit., 261).

Wie aber kann diese 'immanente Kausalität' des Subjekts näher bestimmt werden? Ist das Problem der 'unbewegten ersten Bewegung' nur 'definitorisch' zu lösen? Erklärungen des menschlichen Verhaltens sind demnach meist nur 'negativ' konzipiert, sie verfehlen das Zentrum der 'immanenten Verursachung' (sein Wesen). „This means that, in one very strict sense of the theory, there can be no complete science of men." (Chisholm, op. cit. 1966, 24, zit. n. Marek, op. cit., 264)

Max Webers 'Philosophie-Lehrer' hatte es schon klassisch formuliert: „Darum bleibt für uns in allem historisch und individuell Erfahrenen ein Rest von Unbegreiflichkeit – etwas Unaussagbares, Undefinierbares. So widersteht das letzte und innerste Wesen der Persönlichkeit der Zergliederung durch allgemeine Kategorien, und dies Unfaßbare erscheint vor unserem Bewußtsein als das Gefühl der Ursachlosigkeit unseres Wesens, das heißt der individuellen Freiheit." (Windelband 1894, 159; vgl. Marek, op. cit., 273?).

Die logische Verbindung zwischen Intention und Handlung bedeutet also nicht, dass die Verbindung lediglich 'analytisch' ist. Denn bereits auf der Ebene der Beschreibung und der Explikation von Handlungen sind neben den inneren (mentalen) stets äußere ('erklärbare') Aspekte des Verhaltens enthalten. Entscheidend für die Theoriekonstruktion ist die Frage, wie 'Ursache' und 'Grund' einer Handlung in Beziehung gesetzt werden können. Für den kausalistisch orientierten Verhaltenstheoretiker ist die Beziehung zwischen Intention und Verhalten durchaus 'kontingent kausaler' Natur. Zwischen Intention und Verhalten besteht keine rein logische Abhängigkeit, welche eine kausale Erklärung ausschließt: „Es ist eine Intention denkbar, der nicht das entsprechende Verhalten folgt und umgekehrt, es ist ein Verhalten ohne die betreffende Intention widerspruchslos vorstellbar.“ (ders., op. cit., 267)

Der schon in Max Webers Soziologiedefinition (s. o.) angedeutete ‘modifizierte Kausalismus’, handlungsleitende ‘Gründe’ mit ihren semantischen Komponenten nur ‘naturwissenschaftlich’ treu zu konstatierender ‘Ursachen’ des Verhaltens zu kombinieren, ist auch in der heutigen Diskussion noch allgegenwärtig (vgl. ders., op. cit., 271).

Nach Dennett steht die ‘Intention’ im Mittelpunkt bei der wissenschaftlichen Erforschung des menschlichen Bewusstseins und der sich hieraus ergebenden Fraugen für die Sozial- und Verhaltenswissenschaften. Seine ‘Heterophänomenologie’ versteht er dabei als einen diesbezüglichen Anfang (vgl. Dennett, op. cit., 54). Sie überwindet die „altmodische behavioristische Enthaltsamkeit“ (im anti-mentalistischen Sinne), und mit Hilfe der neurophysiologischen Kognitionstheorie und Computerwissenschaft versucht sie, der „Erste-Person-Beschreibung“ des Bewusstseinsphänomens verstärkte Beachtung zu schenken.

Im Bereich der neuen ‘Basisdisziplin’, der neurophysiologisch orientierten (und computergestützten) Kognitionswissenschaft, spitzt sich die Frage über das Verhältnis von ‘Handeln’ und ‘Verhalten’ (bzw. Erklären vs. Verstehen) auf die Frage zu, welche Daten den ‘Ersten-Person-Beobachtern’ (durch Introspektion, Selbstbeobachtung – Selbstreferenz) eigentlich zugänglich sind, auf die der externe Beobachter (der Heterophänomenologe) verzichten musste. Er setzt sich demnach dem „Zombie-Verdacht“ aus (vgl. ders., op. cit., 61). Eine Erweiterung des Zugangs, wie auch die Perspektive der ‘Zweiten Person’, wie sie z. B. in der Existenzialtheologie (als Ontologie des ‘Zwischen’ und des Ich und Du) wurde mehrmals versucht (vgl. Harbach 2008, 200ff.). Dennett reduziert den Gedanken auf die Phänomene von ‘Vertrauen’ und ‘Empathie’ (vgl. ders., op. cit., 66f.), die nach seiner Meinung im „Agnostizismus der Heterophänomenologie“ schon mitbedacht sind. Aber auch die ‘ungestörte Einfühlung’ in das ‘fremde Ich’ erschüttert nicht die Überzeugung der Heterophänomenologen (und ihre verhaltenswissenschaftlichen Annahmen), dass das menschliche Bewusstsein ein physikalisch-biologisches Phänomen (wie Stoffwechsel und Fortpflanzung) darstellt.

Sie können jedoch nicht befriedigend erklären, warum so viele Menschen trotz aller Gegenbeweise an den entsprechend mysteriösen Vorstellungen festhalten. Scheinbar ‘konstruiert’ das Bewusstsein seine eigene ‘Unerklärlichkeit’! Entsprechende ‘Dekonstruktionsversuche’ beantwortet es oft mit der Warnung der ‘Kontraintuition’:

„Bewußtsein ist – wie auch Ruhm – keine intrinsische Eigenschaft und auch nicht nur eine dispositionale Eigenschaft. Es ist ein Phänomen, das einer Aktualisierung seines Potentials bedarf, und aus diesem Grund kann man in der Erforschung des Bewußtseins keine Fortschritte erzielen, solange man nicht die Schwierige Frage angeht und sich die Folgen ansieht. (…) Eine neurowissenschaftliche Theorie des Bewußtseins muß eine Theorie des Subjekts des Bewußtseins sein, eine Theorie, die diese imaginäre zentrale Exekutive in Einzelteile zerlegt, von denen keines seinerseits ein echtes Subjekt sein kann. Die Eigenschaften des Bewußtseins, denen man scheinbar nur als Merkmale Sinn abgewinnen kann, deren sich das Subjekt erfreut, müssen somit ebenfalls zerlegt und verteilt werden. Diese Aufgabe setzt das Vorstellungsvermögen von Theoretikern zwangsläufig unter Druck. Kaum sind solche Eigenschaften in komplexe dispositionale, in Raum und Zeit verteilte Merkmale zerlegt, klopfen ihre Geister an die Tür und begehren Einlaß, getarnt als Qualia, Phänomenalität oder als der vorstellbare Unterschied zwischen uns und Zombies. Eine der schwierigsten Aufgaben im Zuge der Erklärung des Bewußtseins besteht somit darin, zu erkennen, wann ein Merkmal bereits erklärt worden ist (skizzenhaft, in Umrissen) und folglich nicht noch einmal erklärt werden muß.“ (Dennett, op. cit., 160, 177).

Auch die raffinierten Theorien und Methoden der heutigen Kognitionswissenschaften scheinen die eher schlichten Forschungsergebnisse der behavioristischen-pragmatistischen Verhaltenstheorie zu bestätigen, nämlich dass im Bereich des menschlichen Verhaltens das Alltagswissen nicht unterschätzt werden darf, worauf schon früh G. C. Homans hingewiesen hatte. Dieser wollte ja auch in kritischer Absicht (gegenüber der strukturell-funktionalen Systemtheorie von T. Parsons) den ‘Menschen’ in die soziologische Theorie zurückholen.

Der gegenwärtige Star der internationalen Soziologie, Bruno Latour (* 1947), würde Homans Aufforderung „Bring man back in“ ergänzen durch: „– and things, too!“ Die Auseinandersetzung mit dem Computer in den Geistes- und Sozialwissenschaften ist im Grunde der erneute Versuch, die uralte Debatte zwischen ‘Idealismus’ und ‘Materialismus’ über die Frage, welche Rolle die ‘Dinge’ und ‘Sachen’ (‘Tatsachen’ und ‘Natursachen’) im menschlichen Leben spielen, auf einer ‘höheren’ Ebene der Sozialevolution neu zu beginnen. Nach Meinung einer humorvollen Kritikerin hat Latour als echter französischer Patriot versucht, den Slogan der Französischen Revolution auf den Bereich der ‘Dinge’ auszudehnen (vgl. Lindemann, 2008, 339ff.). Demnach sollen nach Latour auch die ‘Dinge’ freundlich, verständnisvoll (brüderlich), gleichberechtigt ‘behandelt’ und von theoretischen Zwangsvorstellungen befreit werden. Die Soziologie der Zukunft ist für ihn nicht allein eine ‘Soziologie der Dinge’, sondern eine Soziologie des Zusammenspiels von Menschen und Dingen (vgl. Latour, 2007). Die Soziologie als ‘Wissenschaft vom Zusammenleben’ erhält so einen (vermeintlich) neuen Sinn (vgl. ders., op. cit., 11).

Bruno Latour versucht von der Wissenschaftssoziologie kommend, die Begriffe ‘sozial’ und ‘Gesellschaft’ zu reformulieren; auch mit dem Ziel, sie vor dem totalen naturwissenschaftlichen und ‘mediologischen’ Zugriff zu bewahren.

Die neuen Begriffe sind: 'Assoziation', 'Netzwerk' und 'Kollektiv'. Es geht ihm darum, eine 'Verknüpfungstypologie' zu entwickeln zwischen 'Dingen', die selbst nicht 'sozial' sind (vgl. ders., op. cit., 17). Das Soziale soll wieder sichtbar gemacht werden, und zwar an seinen 'Spuren'. Er unternimmt den provokatorischen Versuch, die (traditionelle) 'Soziologie des Sozialen' (Soziologie Nr. 1) zu einer 'Soziologie der Assoziationen' (Soziologie Nr. 2) weiterzuentwickeln. Die sogenannte 'Akteur-Netzwerk-Theorie' (ANT) gilt ihm heute als Übergangsstadium der Theoriebildung hin zu einer allgemeinen Theorie des 'Kollektivs', welches von seltsamen Mischwesen, 'Hybriden', bevölkert ist. Die hiermit beabsichtigte 'Entgrenzung des Sozialen' durch die Erweiterung des Akteursbegriffs zum 'Aktanten' zielt im Grunde auf eine Revision der in der 'Moderne' festgeschriebenen Differenz von 'Natur' und 'Kultur' (vgl. Kneer, op. cit., 11). Die traditionelle Soziologie ist mit ihren Begriffen (z. B. Interaktion, Gruppe, Organisation, Gesellschaft) den neuen 'Assoziationen' der Akteure zu folgen, nicht mehr gewachsen: „Den Akteuren muß die Fähigkeit zurückgegeben werden, ihre eigenen Theorien darüber aufzustellen, woraus das Soziale besteht." (Latour 2007, 28). Mit Gabriel Tarde und im Gegensatz zu dessen Rivalen Emile Durkheim glaubt Latour, dass man die Soziologie als eine Art 'Inter-Psychologie' konzipieren müsste, welche die 'Interaktionen' und 'Versammlung' von Menschen und Dingen zu beschreiben und zurückzuverfolgen habe (vgl. ders., op. cit., 31). Eine solche Theoriestrategie würde die Soziologie der Zukunft (nach Latours Meinung) zu einer noch wichtigeren Wissenschaft machen und nicht – wie Manfred Faßler behauptet – weiterhin eine abgehalfterte Aufklärungsideologie darstellen. Dies erfordere aber ein Umdenken: „Man muß bereit sein, Handlungsträger, Struktur, Psyche, Zeit und Raum fallen zu lassen, zusammen mit jeder anderen philosophischen und anthropologischen Kategorie, ganz gleich wie tief sie im common sense verwurzelt zu sein scheinen." (ders., op. cit., 47). Die Akteur-Netzwerk-Theorie versucht demnach, eine „Infrasprache" (Latour) zu verwenden, die ihre Bedeutung daraus gewinnt, dass sie eine 'Fortbewegung' zum nächsten Bezugsrahmen erlaubt (vgl. ders., op. cit., 54). Dabei kann es sinnvoll sein, den Konzepten der Akteure u. U. vor denen der Analytiker den Vortritt zu lassen: „Akteure erledigen die Soziologie für die Soziologen, und Soziologen lernen von den Akteuren, woraus ihre Assoziationen bestehen." (ders., op. cit., 59). Das neue 'Ensemble' befindet sich dabei gänzlich außerhalb des (traditionellen) 'Sozialen'. In der ANT-Konzeption existieren weder 'Gesellschaft' noch irgendein anderes 'Soziales' von vornherein, sie entstehen erst durch Veränderung der Verbindungen nicht-sozialer Ressourcen:

> „Die Soziologen des Sozialen glauben an einen Typ sozialer Aggregate, an wenige Mittler und viele Zwischenglieder; für die ANT gibt es keinen bevorzugten Typ sozialer Aggregate, eine

endlose Zahl von Mittlern, und wenn diese in getreue Zwischenglieder verwandelt werden, so bildet das nicht die Regel, sondern eine seltene Ausnahme, die durch irgendeine zusätzliche Arbeit erklärt werden muß – gewöhnlich durch die Mobilisierung von noch mehr Mittlern! Man könnte sich keine zwei Ansichten ein und desselben Gegenstands vorstellen, die verschiedener wären!" (ders., op. cit., 72).

Der Angriff auf die traditionelle Soziologie geht jedoch tiefer, denn er beansprucht einen Revisionsversuch des traditionellen Theorie-Praxis-Konzepts der Erkenntnistheorie (vgl. ders., op. cit., 73). Ein weiteres Grundpostulat des ANT-Ansatzes besteht darin, dass soziale Aggregate nicht zwangsläufig aus nur menschlichen Bindungen bestehen. Denn die Techniksoziologie hat die (vermeintlich) neue Frage aufgeworfen, wer noch dabei ist, wenn wir handeln (vgl. Kap. 3): „Handeln ist nicht transparent, es steht nicht unter der vollen Kontrolle des Bewußtseins. (…) Handeln ist ein Knoten, eine Schlinge, ein Konglomerat von vielen überraschenden Handlungsquellen, die man eine nach der anderen zu entwirren lernen muß." (ders., op. cit., 77).

Die Akteur-Netzwerk-Theorie will zeigen, wie Handeln von anderen 'aufgehoben' und 'verteilt' wird. Handeln wird dabei zu einer 'Vermittlung', zu einem 'Ereignis'. „Da das, was uns handeln macht, nicht aus sozialem Stoff besteht, kann es auf verschiedene Weisen neu assoziiert werden." (ders., op. cit., 80). Wäre Max Weber mit dieser These einverstanden? Ich glaube (im Gegensatz zu Bruno Latour) – ja.

In Latours Theorie ist der Akteur keine klar abgegrenzte Einheit im Sinne eines Handlungsursprungs, sondern eine riesige Versammlung von Entitäten, die zu ihm „hinströmen" (vgl. ders., op. cit., 81). Wie die Peiniger Jesus' am Kreuz, wissen die Akteure meistens nicht, was sie eigentlich tun. Man muss dem Handelnden stets 'vergeben', denn er handelt nie allein. Immer sind irgendwelche 'Dinge' dabei.

Ist deshalb schädigendes, unmoralisches Verhalten zum großen Teil nur 'technisches Versagen'?

Wie aber kann man die nach Latour unhaltbaren 'sozialen Erklärungen' (einschließlich der 'kulturellen') empirisch aufrüsten?

Vielleicht dadurch, dass man die Mensch-Ding-Interaktionen und deren 'Versammlung' in 'hybriden' Verhaltensvollzügen als Grundphänomen jedes Lernparadigmas begreift! Die schlimmsten unter den 'Soziologen des Sozialen' sind nach Latour aber die 'kritischen' (z. B. auch Bourdieu). Sie verhalten nicht mehr 'empirisch' sondern 'vampirisch': „Sie verwechseln das, was Daten vernebelt, mit dem, was sie offenbaren." (ders., op. cit., 87). Die Sprache verrät die Ambivalenz! Soziologen sind anfällig für Verschwörungstheorien. Latour versucht die Inter-Psychologie von Tarde mit der Ethnomethodologie (à la Garfinkel) in Verbindung zu bringen. Er sieht jedoch ein, dass auch dieses

Paradigma dem Irrtum einer 'Soziologie des Sozialen' verhaftet bleibt. Das hier populäre Konzept der 'Lebenswelt' garantiert nicht automatisch reichere menschliche Handlungsquellen zu entdecken. Das Konzept ist ein neuer Fall von 'unzutreffender Konkretheit' im Sinne Whiteheads. Berichte über die Handelnden in der 'Lebenswelt' sind oft viel abstrakter als solche über die Welt der 'Sachverhalte'. Die Lebensweltheorie beweist (gegen ihre eigene Absicht), dass eine strikte Trennung von 'Handeln' und 'Verhalten' nicht möglich ist (vgl. ders., op. cit., 107). Nur durch den Wechsel von der 'Soziologie des Sozialen' zur 'Soziologie der Assoziation' (der Netzwerk-Akteur-Theorie) können die ursprünglich richtigen und wertvollen 'Intuitionen' der Sozialwissenschaften beibehalten werden (vgl. ders., op. cit., 110). Die ANT macht sich anheischig, 'soziale Erklärungen' wieder vom Kopf auf die Füße zu stellen:

> „In der Praxis sind es stets Dinge – und ich meine das letzte Wort jetzt buchstäblich –, die ihre 'stählerne' Eigenschaft der fragilen 'Gesellschaft' leihen. So ist das, was Soziologen unter der 'Macht der Gesellschaft' verstehen, nicht die Gesellschaft selbst – das wäre tatsächlich Magie –, sondern eine Art von Zusammenfassung aller bereits mobilisierten Entitäten, um Asymmetrien dauerhafter zu machen." (ders., op. cit., 117).

Sind aber Computerprogramme auch 'Dinge'?

An zentralen Theoriekonzepten der traditionellen Soziologie, z. B. an 'Macht', kann man (nach Latour) die Fruchtbarkeit der neuen Sichtweise demonstrieren: „Macht kann nur mit Hilfe jener Macht dauern und sich ausdehnen, die durch Entitäten ausgeübt wird, die nicht schlafen, und durch Assoziationen, die sich nicht auflösen." (ders., op. cit., 121).

Ist damit letztlich die Macht der 'Verhältnisse' gemeint?

Da Paviane und andere Affen (die Latour im Freiland beobachtet hatte) weniger 'Dinge' benutzen als Menschen, eignet sie sich für diese Soziologie des Sozialen (der Tradition) eher als für erstere (vgl. ders., op. cit., 119f.). Die zahlreichen Tautologien und Widersprüche in der bisherigen Soziologie sind nicht zuletzt der Vernachlässigung der 'Dinge' und 'Objekte' bei der Beschreibung von Handlungen zuzuschreiben, insbesondere wenn a priori das Handeln auf seinen intentionalen Kern beschränkt bleibt.

Dinge sind oft 'Beteiligte' am Handlungsverlauf, die darauf warten, eine 'Figuration' zu erhalten (vgl. ders., op. cit., 124; vgl. Kap. 3). Wie Sex im viktorianischen Zeitalter sind die Dinge überall, aber sie werden (schamvoll) verschwiegen. Sind vielleicht beide 'selbstverständlich'?

Latour hat versucht, den Gesellschaftsbegriff durch den des 'Kollektivs' zu ersetzen: „'Gesellschaft' werde ich nur für die Versammlung bereits zusammengebrachter Entitäten beibehalten, von denen die Soziologen des Sozialen glauben, daß sie aus sozialem Stoff bestehen. 'Kollektiv' wird dagegen das Projekt des Versammelns neuer Entitäten bezeichnen, die noch nicht zusammengebracht worden sind und von denen es daher offenkundig ist, daß sie nicht aus sozialem Stoff bestehen.“ (ders., op. cit., 129) Diese ‘Versammlung’ soll (kann) jedoch keine Überwindung der Objekt/Subjekt-Dichotomie darstellen, sondern sie will eine ‘Entpolitisierung’ von Kausalinterpretationen (vgl. ders., op. cit., 132).

Wie aber kann man Objekte zum ‘Reden’ bringen? Heidegger würde vielleicht sagen, man müsse deren ‘Handhabung’ studieren und die allgemeine menschliche Tätigkeit des ‘Gedankenexperiments’ auf einen bestimmten Sachbereich eingrenzen. Bei ungenügender ‘Kontrolle’ dieser Experimente entsteht häufig daraus ‘science-fiction’ – auch social science-fiction (vgl. z. B. Kap. 2). Die traditionelle soziologische Theorie wäre (nach Latour) gut beraten, die ‘leidenschaftlichen Affären’, die wir Menschen mit ‘Dingen’ haben, in ihren Theorien zu berücksichtigen. Die menschliche ‘Existenz’ besteht nach Latour im Wesentlichen in der ständigen Umformung der ‘Versammlung’ von menschlichen und nicht-menschlichen Akteuren. Die Episteme der Soziologie, insbesondere in der Debatte zwischen ‘Realismus’ und ‘Konstruktivismus’ haben keine befriedigenden Ergebnisse erbracht, da z. B. das Postulat von der ‘sozialen Konstruktion’ von ‘wissenschaftlichen Tatsachen’ – ja der ‘sozialen Wirklichkeit’ mit einem missverständlichen Konzept des ‘Sozialen’ operierte (vgl. ders., op. cit., 152). Was ein ‘sozialer Akteur’ und was eine ‘Tatsache’ ist, blieb ungeklärt. Der ‘Konstruktivismus’ ist der Versuch, Dinge zu erklären, von denen der Theoretiker weiß, dass sie nicht wirklich existieren. Konstruktivistische ‘kritische’ Theorien leben u. a. von der Hoffnung, ihre Gesellschaftsprognosen könnten falsch sein (vgl. Harbach 2008, 155ff.). Das Scheitern der Kritischen Theorie war jedoch kein ‘glückliches’ (im Sinne einer ‘felix culpa’. Dieses kritische Paradigma ist ein Musterbeispiel dafür, wie in der Soziologie die Phänomene, die erklärt werden sollen, sich als Ganzes auflösen (vgl. Latour, op. cit., 173), da ‘Dinge’ (und ihre ‘Verdinglichung’) unter der pessimistischen Perspektive des ‘instrumentellen Handelns’ eingeschlossen bleiben. Das ‘Soziale’ auch dieser traditionellen Soziologie erscheint häufig als etwas „Überflüssiges [als] eine rudimentäre Hinterwelt, die nichts zur wirklichen Welt hinzufügt, außer künstliche Rätsel“ (ders., op. cit., 185). Denn: „Es gibt keine Gesellschaft, keinen sozialen Bereich und keine sozialen Bindungen, sondern es existieren Übersetzungen zwischen Mittlern, die aufzeichenbare Assoziationen generieren können.“ (ders., op. cit., 188).

Wie aber entsteht ein solcher Generierungsprozess? Durch Lernprozesse (also individuelle ‘Assoziationen’)? Gabriel Tarde würde vielleicht nicken. Der Computer aber zeigt, was möglich ist, wenn den Dingen erlaubt wird, sich zu ‘entfalten’ (vgl. ders., op. cit., 262f.). Der Computer ist ein ‘Monster’, eine Verbindung von menschlichen und nicht-menschlichen Elementen. Er erzeugt 'hybride' Existenzformen, wie 'virtuelle Realitäten'. Der Faustkeil, die Handmühle, die Dampfmühle – und der Computer erzeugen 'hybride' Handlungsvollzüge durch 'Versammlung' von Objekten aus verschiedenen 'Welten'. Das Konzept der Akteur-Netzwerk-Theorie (ANT) und die Theorie des 'Kollektivs' erscheinen durchaus mit alteuropäischem Denken der Sozial- und Verhaltenswissenschaften kompatibel. Neu dagegen ist der gebetsmühlenartige Hinweis auf das 'Mithandeln' der 'Dinge' und die Forderung nach einem erweiterten Akteursbegriff. Eine weitere Erklärung, wie 'Inter-Objektivität' und 'Inter-Subjektivität' entstehen, wird jedoch nicht gegeben. Denn: „Während Subjekte sich leicht wie unbestreitbare Tatsachen verhalten, tun materielle Objekte das nie." (ders., op. cit., 218). Gute Soziologie ist für Latour ein „Bericht (…) der ein Netzwerk aufzeichnet" (ders., op. cit., 223). Der Computer und das 'WWW' werden diese Gedanken weitertreiben. Er gestattet die präzise Verfolgung von Assoziationen. Das WWW wird zum WWL (World Wide Lab).

Das 'Soziale' ist laut Latour nur schwer nachzuzeichnen. Es ist etwas „Fluides", das manchmal nur kurz „aufblitzt", „wenn neue Assoziationen das Kollektiv zusammenheften" (ders., op. cit., 275). Die neue Soziologie (als „Wissenschaft vom Zusammenleben") kann sowohl die Kontroversen zwischen Natur- und Sozialwissenschaften durch 'Vermeidungen' lösen, als auch durch andere traditionelle methodische Debatten (z. B. über Mikro- und Makrotheorien) 'schöpferisch' umgehen. Nach Bruno Latour war Tardes Weg in die Soziologie der richtige – und nicht der Durkheims. Auch der Erfolg des Begriffs 'soziale Konstruktion' (von 'Tatsachen' und 'Wirklichkeiten') war eher ein unglücklicher. Viele soziologische Grundbegriffe werden der sozialen Wirklichkeit nicht gerecht, da sie menschliche und nicht-menschliche Akteure auseinanderdefinieren, z. B. der Begriff des sozialen Handelns und der der Interaktion: Demnach „ist Handeln stets dislokal, artikuliert, delegiert und übersetzt" (ders., op. cit., 288). 'Interaktion' ist wie 'Struktur' nur eine Abstraktion, die eher der empirischen Forschung schade als ihr zu nützen:

> „Durkheims Gesellschaft 'sui generis', Luhmanns 'autopoietische Systeme', Bourdieus 'symbolische Ökonomie' oder Becks 'reflexive Modernisierung' sind ausgezeichnete Erzählungen, wenn sie uns darauf vorbereiten, nach Abschluß der Vorstellung die politische Aufgabe der Zusammensetzung aufzunehmen; sie sind irreführend, wenn sie als Beschreibung dessen verstanden werden, worin die gemeinsame Welt besteht." (ders., op. cit., 327).

Unsere gemeinsame Welt besteht aus Menschen und Dingen, von denen wir gelernt haben, wie man mit ihnen 'umgehen' kann und wie sie zu 'handhaben' sind. Das Soziale ist die zur 'Existenzform' versammelten Ereignisse. Es tritt erst in Erscheinung, wenn wir ihnen erlauben, 'nicht-soziale' Existenzformen zu durchlaufen, wobei die 'gute' Soziologie entdeckt, dass das, was man zu einem bestimmten Handeln braucht, bereits an 'Ort und Stelle' ist (vgl. der., op. cit., 333ff.).

Auch der traditionelle Grundbegriff 'Interaktion' (und damit auch der des sozialen Handelns), übersieht, dass Interaktionen nie 'isotopisch', 'synchron', 'synoptisch', 'homogen' und 'isobar' sind.

Die Definitionen bei Latour suchen den naturwissenschaftlichen Anschluss. Gemeint ist damit, dass Interaktionen und soziales Handeln in unterschiedlichen Zeiten und Orten begonnen werden und von vielfältigen verschiedenen Materialien und Akteuren vollzogen werden, die unterschiedliche Motivationen in unterschiedlicher Stärke aufweisen. „In den meisten Situationen sind Handlungen bereits von Anfang an der Interferenz von heterogenen Entitäten unterworfen, die nicht dieselbe lokale Präsenz haben, nicht aus derselben Zeit stammen, nicht gleichzeitig sichtbar sind und nicht gleich viel Druck ausüben." (ders., op. cit., 348).

Versteht man 'soziales Handeln' als 'Interaktion' und zieht man diese auseinander, so hat man zentrale Beschreibungsfelder der Akteur-Netzwerk-Theorie. Es geht dabei hauptsächlich darum, die 'soziale Situation' durch 'Inter-Objektivitäten' anzureichern und festzustellen, wie der Handlungsort 'vorformatiert' wurde (vgl. ders., op. cit., 350). Wichtig ist ferner, „die von der Umgebung gemachten Vorschläge zu verstehen und zu interpretieren" (ders., op. cit., 355). Der Computer aber macht es möglich, die Assoziationen in einer neuen Weise zu verfolgen. Er macht sichtbar, was vorher nur 'virtuell' gegenwärtig war (nämlich in der soziologischen Imagination). Die ANT kann nach Latour dazu beitragen, einen weiteren Grundbegriff der Soziologie präziser zu machen, nämlich den der 'Rationalität' und des 'rationalen' Verhaltens, indem sie aufdeckt, welche 'Ausrüstungen' man für ein solches Verhalten benötigt und wie aus 'Laborwissenschaft' Verhaltenswissenschaft werden kann (vgl. Knorr-Cetina 2002). Auch den Subjektbegriff der traditionellen Handlungstheorie gilt es weiterzuentwickeln: „Jede einzelne Entität, die die frühere Innenwelt bevölkerte, [muß man] aus der Außenwelt kommen lassen, nicht als negativen Zwang, der die 'Subjektivität einschränkt', sondern als ein positives Angebot zur Subjektivierung." (ders., op. cit., 367). Landet so die ANT auch bei einem 'smartject'-Konzept? Ist vielleicht Bruno Latour den Verlockungen eines neuen Behaviorismus erlegen, der auch Unterschiede zwischen Psychologie und Soziologie nicht mehr kennen will, wie dies sein Lehrmeister Tarde schon angeregt hatte? „Subjektivität ist keine Eigenschaft menschlicher Seelen, sondern des Versammelns selber – natürlich nur, sofern es dauert. Wenn wir diese ungemein erweiterte Bedeutung von Gesellschaft bewahren könnten, würden wir wieder verstehen, was Tarde meinte, als er sagte, 'daß jedes Ding eine

Gesellschaft ist und jedes Phänomen eine soziale Tatsache'." (ders., op. cit., 377).

Indem man Annahmen über die Dimensionen der 'Agenten' entlang der Handlungsketten macht, kann man ferner dem unfruchtbaren Gegensatz von 'Lokalem' und 'Globalem' entgehen. Die 'Information' bringt dabei jede Handlung in eine 'Form' (vgl. ders., op. cit., 386). Die Sozialwissenschaften müssen den Akteuren folgen und dabei die 'Wesen' ernst nehmen, die uns Menschen zum Handeln bringen (vgl. ders., op. cit., 405). Die 'Gesellschaft' ist nicht das 'Ganze', sondern das, das durch alles 'zirkuliert'. Auch das world wide web ist kein Ganzes, das 'weltweit' ist (vgl. ders., op. cit., 415). Doch die Netz-Metapher ist nach wie vor sinnvoll. Durch Modifikation des Begriffs des Sozialen wird auch eine Soziologie des Zukünftigen möglich und notwendig. Dabei muss man die Fehler der 'kritischen' Soziologie vermeiden, die 'Gesellschaft' und 'Kollektiv' verwechselt hat (vgl. ders., op. cit., 429f.). Der Begriff des Kollektivs ist eine Erweiterung sowohl des Gesellschafts- als auch des Naturbegriffs. Das Kollektiv ist eine 'Entgrenzung des Sozialen', das allerdings mit einigen logischen und theoretischen Widersprüchen einhergeht. Die Kollektive werden von seltsamen Mischwesen, Hybriden, bevölkert, die aus Kultur und Natur gleichermaßen bestehen (vgl. Kneer/Schroer/Schütt 2008, 9). Das Mischungsverhältnis ist allerdings für ihn kein Problem. Die Epistemologen unter seinen Kritikern werfen ihm einen „naiven, vorkantischen Empirismus" vor (vgl. dies., op. cit., 17). Die Wissenschaftsgeschichte scheint bei Latour zur 'Geschichte der Dinge' reduziert. Der ehemalige Theologiestudent Latour sei von der Metaphysik zur Physik zurückgekehrt (vgl. ders., op. cit., 37). Unter dem Einfluss von Whitehead und G. H. Mead versuche er, den Dualismus von 'Geist' und 'Materie' in seiner Akteur-Netzwerk-Theorie zu überwinden, wobei er sich teilweise von bewährten Thesen der Erkenntnistheorie entfernen musste (vgl. dies., op. cit., 49). Es gelingt ihm danach nicht, nachzuweisen, dass sein Ansatz eine vermittelnde Position zwischen einem naturwissenschaftlichen Realismus und dem Sozialkonstruktivismus (etwa im Sinne des 'Perspektivismus' von Mead) darstellt (vgl. ders., op. cit., 62). Er neutralisiert das Selbstvernichtungspotential des Konstruktivismus durch (teilweise amüsante) 'kleine' Erzählungen über das Zusammenspiel von Menschen und Dingen. Er nutzt die zahlreichen Gelegenheiten aus, die Großbegriffe wie 'Gesellschaft' und 'Natur' für die 'Interpretation' und 'Konstruktion' einer neuen Theorie zulassen (vgl. ders., op. cit., 70). Er bedient sich häufig der neuen Begriffsschöpfungen, die die Computerwissenschaft hervorgebracht hat (z. B. Quasi-Objekt, Hybrid, Medien etc.), ohne sie für die empirische Forschung näher zu bestimmen. Dadurch übersieht er, „dass im Begriffspaar Subjekt/Objekt stets eine Erkenntnisbeziehung mitschwingt. (…) Dinge und Gegenstände [aber fallen] nicht automatisch unter eine Erkenntnisbeziehung: Dinge werden erfahren, bevor sie erkannt werden“ (Roßler, in: dies., op. cit., 78). Allerdings scheint der Hybridbegriff gerade den Dualismus zu verstärken, den die ANT überwinden will.

Ein Grundwiderspruch des Ansatzes besteht ferner darin, dass die ‘Objekte’ abwechselnd ‘sozialkonstruktivistisch’ oder ‘realistisch’ bestimmt werden (vgl. ders., op. cit., 80). Dies scheint eine Kardinalsünde der neuen Informations- und Computerwissenschaft und der sie aufnehmenden Sozialwissenschaften zu sein, die selbst Niklas Luhmann (ebenso wie Manfred Faßler und Werner Rammert) beging. In Anspielung auf Homans berühmten Slogan könnte man Latours ANT so bezeichnen: „Bring objects back into the normal cause of action.“ (vgl. Schulz-Schaeffer, in: dies., op. cit., 111), oder wie es Hans Linde schon 1972 formulierte, die „Exkommunikation der Sachen muß rückgängig gemacht werden“ (vgl. Linde 1972, 78): „Zweifellos sind die ex definitione zur Sache hinzutretenden Akte in der Sache selbst angelegt, das heißt mit mehr oder weniger großen Toleranzen vorprogrammiert.“ (ders., op. cit., 70). Auch im sozialen Handeln ‘leasen’ wir praktisch nur die Sachen und Dinge!

Bei heterogenen Assoziierungen, bei der Ko-Konstituierung von Technik und Gesellschaft, bei hybriden Akteuren, ist die Feststellung der ‘Anteile’ (beim ‘Mithandeln’) schwierig zu bestimmen.

Allerdings hatten die Theorien der klassischen und operanten Konditionierung dieses Problem schon immer im Auge. Die ‘Anteile’ des jeweiligen Akteurstyps lassen sich empirisch über die Verstärkerqualitäten messen, die sie im Experiment offenbaren. die ‘Härtung des Sozialen’ durch die Technik besteht im Kern darin, dass der menschliche Akteur lernt, wie die Objekte ‘beschaffen’ sind und damit wie sie zu ‘handhaben’ sind. Ob dieser ‘Lernvorgang’ ohne eine minimale Beobachtungstheorie mit Vorannahmen überhaupt möglich ist, wird bei Latour nur en passant problematisiert. Er scheint mit B. F. Skinner einer Meinung zu sein, dass Lerntheorien (vor allem die der operanten Konditionierung) keine ‘Theorien’ im eigentlichen Sinne darstellen. Jedoch: jede ‘symmetrische’ Beobachtung hat auch eine ‘asymmetrische’ Seite (vgl. Schulz-Schaeffer, op. cit., 149)! Bruno Latour scheint unter einem stärkeren Einfluss von Gabriel Tarde zu stehen, als ihm selbst bewusst ist: Die Soziologie ist nur sinnvoll als ‘Inter-Psychologie’ (s. o.). Die Soziologie der Assoziationen ist eine Soziologie ohne ‘Gesellschaft’. Die Kritik an der traditionellen Soziologie (der ‘Soziologie des Sozialen) läuft bei ihm über die Kritik an zwei weiteren Grundbegriffen der modernen Theorie: ‘Modernisierung’ und ‘Differenzierung’. Wir sind demnach nie ‘modern’ gewesen, weil die soziologische Differenzierungsthese falsch ist: „Die Generalisierung des Symmetrieprinzips (die Gleichbehandlung von Natur und Gesellschaft, Technik und Sozialem) geht mit einer Reihe von richtungsweisenden Theorieentscheidungen einher: Natürliche, technische und soziale Faktoren werden in der Akteur-Netzwerk-Theorie nicht als Explanans, sondern als Explananda behandelt." (Kneer, in: dies., op. cit., 276).

Den Begriff des 'Kollektivs' entwickelte Latour aus den älteren Netzwerkkonzepten. Beim 'Kollektiv' handelt es sich „um ein besonderes Verfahren, um Assoziationen von Menschen und nicht menschlichen Wesen zu (ver)sammeln" (Latour 2007, 291; Kneer, op. cit., 295f.). Es handelt sich hierbei jedoch noch nicht um ein echtes 'Hybriditätskonzept', wie dies etwa bei den 'Propositionen' der Fall ist (der unauflöslichen, atomaren Einheit aus menschlichen und nicht menschlichen 'Wesen'; vgl. ders., op. cit., 297). Der Wesensbegriff scheint so von der Fundamentalontologie (und Existenzialphilosophie) erfolgreich rehabilitiert worden zu sein! Ist das 'Wesentliche' vielleicht stets ein 'hybrides' Phänomen – auch das 'Wesen der Dinge'? Nach Georg Kneer wird der Kollektivbegriff der Multidimensionalität der modernen Sozialordnung aber nicht gerecht. Die These von der funktionalen Differenzierung der Gesellschaft im Modernisierungsprozess bleibt fruchtbar. Es wird ferner bei Latour nicht klar, wer an der 'Versammlung' teilnehmen darf: „Eine vergleichbare Inklusionsordnung für nicht-menschliche Wesen ist dagegen nicht vorgesehen. (...) Eine solche Vorgehensweise widerspricht nicht nur dem verallgemeinernden Symmetrieprinzip, sondern steht auch in deutlichem Gegensatz zur Hybriditätsthese. Wie auch schon bei seiner Akteur-Netzwerk-Theorie bedient sich Latour bei der Festlegung der Kompetenzen des Kollektivs einer dichotomischen Zurechnungssemantik, gegen die sich doch eigentlich seine Kritik richtet." (ders., op. cit., 302). Wie 'Hybridität' entsteht und wie sie 'funktioniert' bleibt unklar und damit die These von der 'Entgrenzung des Sozialen' überhaupt. Den aufregenden Begriff des 'Aktanten' entwickelt Latour durch Zusammenlegung von ethnomethodologischer Perspektive mit dem Analyseverfahren der (französischen) Semiotik: „Der Aktantenstatus beruht nicht auf einer inneren Wesensqualität, sondern ergibt sich aus der Positionierung in einer Erzählung. Tatsächlich benutzen wir in unserer Alltagssprache ja häufig ein Vokabular, das beispielsweise Dingen den Status eines Handelnden zuschreibt." (ders., op. cit., 317).

Ist dies eine Verirrung der Ethnomethodologie in den Naturalismus? Die neue 'Soziologie der Verknüpfung', der es um 'Existenzformen' geht, bleibt uns die Antwort schuldig, wie diese 'Verknüpfungen' eigentlich entstehen und wann sie sich wieder 'lösen'. Sind diese Verknüpfungen etwas anderes als das unbefragte „Hintergrundwissen gesellschaftlicher Lebenswelten" (dies., op. cit., 324), und geraten somit in denselben Explikationsnotstand wie der Lebensweltbegriff selbst (vgl. Harbach 2008, 163ff.)? Ist nun die 'Realität von Perspektiven' (Mead) das einzig Objektive? Latours Soziologie ist in gewisser Hinsicht eine umgedrehte 'Sozionik'. Ein Konzept von 'agency', in dem alle Aktanten gleichberechtigt sind: „Latours Position konstruiert also ihrerseits den Dualismus zweier getrennter Sphären, der Praxis der Entgrenzung und der Praxis der Grenzziehung, ohne zu erkennen, dass letztere ebenso wie erstere ein Element desselben Akteur-Netzwerks ist“ (dies., op. cit., 327). Dadurch bleibt Latour für viele Kritiker letztlich in einem 'naiven' Naturalismus verfangen, der zu einer amoralischen Aufhebung jeglicher 'Verantwortung' führt! Liefert er eine Schützenhilfe für die typisch postmoderne 'Ratlosigkeit' in praktisch-politischen Entscheidungssituationen? Oder ist diese Kritik selbst ein 'idealistischer Fehlschluss'? „Grenzen und Unterscheidungen mögen Illusionen und Ideologien sein, sie bleiben unverzichtbar als Widerstandsmittel gegen den Fatalismus der Netze und Verflechtungen.“ (dies., op. cit., 334). Latours Soziologie überrascht von Zeit zu Zeit mit Begriffen (z. B. der 'Existenzform'), die auf Umwege auf Sartres 'Das Sein und das Nichts' (1943) verweisen. Dieses Denkgebäude ist jedoch bis in seine Tiefen Heideggers 'Sein und Zeit' verpflichtet, was wiederum sowohl Probleme als auch Möglichkeiten der Anschließung an den amerikanischen Pragmatismus verspricht (vgl. Habermas, op. cit., 262ff.). Sowohl Sartre als auch Latour profitieren beide von der 'Maschinen-Theorie' von Karl Marx. Ferner: Sowohl der theoriestrategische Slogan 'draw a distinction' (Spencer-Brown) als auch 'draw things together' (Latour) leidet unter einer Theorielücke: wie macht man das? (vgl. Schroer in: Kneer et al., op. cit., 362) Auch der Begriff des 'Hybriden' dient Latour u. a. dazu, seine provokative Unterscheidung zwischen 'Moderne' und 'Postmoderne', 'Vormoderne' und 'Nichtmoderne' vorzunehmen. Der entscheidende Mangel des 'modernen' Denkens ist demnach dessen Weigerung, die 'Quasi-Objekte' ernst zu nehmen (vgl. ders., op. cit., 366). In der 'Postmoderne' und der 'Netzwerkgesellschaft' wird die Kategorie der Zeit zunehmend durch die der 'Räumlichkeit' ersetzt. Latour ist auch der zweite Soziologe von Rang (neben Habermas), der aus der theoretischen Not eine Tugend macht: die 'Unübersichtlichkeit' wird zur zentralen Metapher (vgl. ders., op. cit., 368). Multiple 'Entgrenzungen des Sozialen' sind vor allem durch die Verbreitung des Computers sichtbar geworden. Eine seiner wichtigsten Funktionen besteht darin, dem 'Nichtmenschlichen' immer mehr Anerkennung zu verleihen, indem diese immer 'menschlicher' werden! Bruno Latour ist ein Gegner des 'modernen' Entweder-oder-Denkens. „Er, der Winzersohn aus Beaune, plädiert für eine Soziologie der Gemenge und Gemische.“ (ders., op. cit., 393); wie die 'Mischungsverhältnisse im menschlichen Handeln entstehen, vermag die Theorie jedoch nicht näher anzugeben.

Wie die 'Soziologie der Dinge' oder deren Verschmelzung mit den Menschen theoretisch näher zu fassen ist, hatte schon sein Lehrmeister Gabriel

Tarde vorgezeichnet: Die Gesetze der Imitation sind letztlich Gesetze des Lernens, die auch die 'Inter-Psychologie' beherrschen. Es sind die 'Gesetze' der klassischen und operanten Konditionierung: „Imitation entwickelt sich in der Geschichte der Einzelperson als das Ergebnis diskriminativer Verstärkungen, denen dieselbe dreiteilige Kontingenz eignet. (…) Das Imitationsrepertoire des Durchschnittsmenschen ist derart entwickelt, daß seine Ursprünge vergessen werden und gern als angeborener Teil seines Verhaltens betrachtet wird." (Skinner, 1973, 118). Die Akteur-Netzwerk-Theorie hat ein altes Problem der Humanwissenschaften 'tiefer gelegt' und 'flach gehalten', das durch die Computer- und Informationstechnologie erneut aufgebrochen ist und einige Geistes- und Sozialwissenschaftler aus ihren „süßen Träumen" (Dennett) aufgeweckt hat, nämlich dass das Idealismus-Materialismusproblem bzw. die Geisteswissenschaft-Naturwissenschaft-Kontroverse endgültig beigelegt sei. Besonders tief scheinen einige versprengte Anhänger der Kritischen Theorie (z. B. Oskar Schwemmer, s. o.) geschlafen zu haben. Nach Meinung einiger zutiefst enttäuschten Anhänger der Frankfurter Schule träumt selbst Jürgen Habermas einen Wunschtraum, nämlich den, seine 'kritische' Theorie möge letztlich nicht richtig sein (vgl. Harbach 2008, 173f.). Einige Geisteswissenschaftler und Philosophen hatten erwartet, der Computer würde sich als ein „Flügel des Geistes" entwickeln und eine Rehabilitation der Geisteswissenschaften einleiten. Auch dieser Traum hat sich nicht erfüllt. Die Informatik und die moderne neurophysiologisch orientierte Kognitionswissenschaft haben das 'Bewusstsein' und das für die Geisteswissenschaften zentrale Konzept der 'intentionalen Einstellung' reformuliert und in dem Begriff der 'Heterophänomenologie' die 'altmodische' behavioristische Enthaltsamkeit hinsichtlich des Nicht-Mentalismus menschlicher Konzepte (wie Absicht, Wille, Intention etc.) aufgegeben, die methodische Strenge des Behaviorismus jedoch beibehalten (vgl. Dennett, op. cit., 56). Die Heterophänomenologie (die Perspektive der 'Dritten Person') favorisiert die Integration der Handlungstheorie in eine modernisierte Verhaltenstheorie, die sowohl menschliche als auch nicht-menschliche Akteure umfasst und das Verhältnis des Menschen zu seinen ihn umgebenden Dingen als normalen Lernprozess begreift. Sie gestattet darüber hinaus, das 'Mischungsverhältnis' von 'Hybriden' zu bestimmen, was einer sozialkonstruktivistischen Handlungstheorie letztlich nicht gelungen ist. Die Heterophänomenologie vertritt einen 'Naturalismus', welcher den klassischen Lerntheorien sowohl in Richtung der Gehirnphysiologie als auch in Richtung der Verhaltensgenetik Anschließung erlaubt. Die Theorie der operanten Konditionierung hat deshalb erstaunlich viele Angriffe abwehren können (auch den Scheinangriff von Noam Chomsky). Sie ist auch gegen erkenntnistheoretische Kritik relativ robust (auch gegen den immer wiederkehrenden, allerdings falschen Tautologievorwurf; vgl. Haller, 2003, 142ff.).

Für eine 'behavioristische' Soziologie bedeutet dies, dass ihre Begriffe und Konzepte für die Computerzukunft gut gerüstet sind und die Ausrichtung der verhaltenstheoretischen Soziologie auf die Lerntheorien Skinners kein Irrtum war.

Der Computer hat den Glauben gestärkt (besonders bei Bruno Latour), dass die Zukunft der Soziologie keine Illusion ist (wie dies Manfred Faßler annimmt). Es hat sich gezeigt, dass die virtuellen Realitäten der 'Zukünfte' durchaus mit dem Instrumentarium der verhaltenstheoretischen Soziologie analysierbar sind. Und, dass sie mit ihrem 'pragmatistischen' Hintergrund sich zukünftigen Werturteilsdebatten in Ruhe stellen können. Latours Akteur-Netzwerk-Theorie und ihre Erweiterung zur Theorie des 'Kollektivs' hat die Informationstechnologie der Netze mit der soziologischen Netzwerktheorie in kreativer Weise verbunden, indem er demonstrierte, welche Möglichkeiten der Computer liefert, die 'Assoziation' zwischen Dingen und Menschen, die 'Verhaltensketten', zurück zu verfolgen und der empirischen Sozialforschung zuzuführen. Er ist kein Revolutionär, sowohl wissenschaftspolitisch als auch erkenntnistheoretisch: Die Soziologie ist eine Inter-Psychologie (Tarde) der Subjekt-Objekt-Subjekt-Interaktion, deren Grundlage die Lernmechanismen sind.

Die moderne Kognitionsforschung hat gezeigt, dass die geisteswissenschaftlichen Grundlagen der soziologischen Handlungstheorie unfruchtbare Umwege darstellen, und dass wir schon mehr über Bewusstseinsprozesse wissen, als die soziologische Tradition zugeben mag. Schon Pawlows Hunde und Skinners Tauben reagierten auf 'Symbole' und hatten 'Theorien vom Abstrakten'. Sie lebten mit 'Überraschungen' und 'Kontingenzen'. Auch sind die 'instanten Netzwerke', die nach Manfred Faßler 'nach der Gesellschaft' kommen sollen, ohne die soziologischen Grundbegriffe, die auf den klassischen Lernparadigmata beruhen (wie Interaktion, Gruppe, Organisation, Konditionierung etc.) nicht sinnvoll (d. h. für die Kommunikation geeignet) zu beschreiben. Die neuen Begriffe wie 'Virtualität', 'Hybridizität', 'verteilte Handlung' etc. sind ohne die Quasi-Gesetze der operanten Konditionierung nicht gewinnbringend zu verwenden. Ein interessantes Forschungsthema der Zukunft wird dann das über das Verhältnis von 'realen Virtualitäten' und Hybridizität sein, denn unser ganzes Leben ist ein 'hybrider Aktionszusammenhang'! Das kann dem 'alteuropäischen' Denken nicht völlig entgangen sein. Das Zusammentreffen von Computerwissenschaft und Sozialwissenschaft hat viele interessante methodologische und forschungstechnische Fragen produziert, z. B. wie kann man feststellen, dass ein Serviceroboter völlig selbstständig handelt? Und: Welchen

‘Intentionen’ folgen die Algorithmen der Computerprogramme, die die ‘Kultur’ der Zukunft zu ‘Betriebssystemen’ operationalisiert? Die von Rammert angestoßene ‘Sozionik’ ist eine vielversprechende Arena für neue, empirisch orientierte, epistemologische Debatten über den vom Computer revitalisierten Streit über das Verhältnis von ‘Materie’ und ‘Geist’.

Der Computer ist zeitweise zum (lahmen) Flügel des postmodernen Geistes geworden, indem er dazu diente, das ‘alteuropäische’ Wissen zu denunzieren. Die nähere Beobachtung zeigt jedoch, dass er einige ‘alteuropäische’ Konzepte der Epistemologie (und sogar der Moralphilosophie) eher gestärkt hat. Die ‘medio-logische’ Aufklärung ist noch nicht abgeschlossen. Kampfadjektive wie ‘postbiologisch’, ‘postsymbolisch’ und ‘postsozial’ haben ihren Schrecken verloren. Schon Karl Marx und Max Weber waren sich bewusst, dass nicht alles Verhalten ‘sozial’ ist und die ‘Regelmäßigkeiten’ des Lebens auch von außen auferlegt werden. Der Computer hat u. a. gezeigt, dass ‘naturalistische Fehlschlüsse’ leichter zu korrigieren sind als ‘kulturalistische’.

Literatur

Ars Electronica (Hg.) (1989): Philosophien der neuen Technologie, Berlin
Aulin, Arvid (1982): The Cybernetic Laws of Social Progress, New York
Baudrillard, Jean (1989): Paradoxe Kommunikation, Bern
Baudrillard, Jean (1989): Videowelt und fraktales Subjekt. In: Ars Electronica (1989): 113-131
Bell, Daniel (1973/1975): Die nachindustrielle Gesellschaft, Frankfurt a. M.
Brill, Manfred (2009): Informatik im Fokus: Virtuelle Realität, Heidelberg
Brockhaus (1997): Lexikon, Wiesbaden
Bühl, Achim (1996): CyberSociety. Mythos und Realität der Informationsgesellschaft, Köln
Coy, Wolfgang (1995): Mit fotografischem Gedächtnis. In: von Amelunxen et al. (1995): 67-72
Chisholm, Roderick M. (1978): 'Er hätte etwas anderes tun können'. In: Lenk (1978)
Dammann, Klaus (2012): Niklas Luhmann – Die Biographisierung, Berlin (im Erscheinen)
Darwin, Charles R. (1874/1974): The Descent of Man and Selction in Relation to Sex, Detroit
Dennett, Daniel C. (2007): Süße Träume. Die Erforschung des Bewußtseins und der Schlaf der Philosophie, Frankfurt a. M.
Dettmann, Ulf (1999): Der Radikale Konstruktivismus. Anspruch und Wirklichkeit einer Theorie, Tübingen
Dilthey, Wilhelm (1910/1928): Der Aufbau der geschichtlichen Welt in den Geisteswissenschaften, Berlin
Dreyfus, Hubert L. (1985): Die Grenzen der Künstlichen Intelligenz. Was Computer nicht können, Königstein
Dreyfus, Hubert L./Dreyfus, Stuart (1987): Künstliche Intelligenz. Von den Grenzen der Denkmaschine und dem Wert der Intuition, Reinbek bei Hamburg
Engelmann, Lutz (Hg.) (2006): Duden Informatik. Lehrbuch S II, Berlin/Frankfurt a. M.
Enzensberger, Hans-Magnus (1970): Baukasten zu einer Theorie der Medien. In: Kursbuch 20. 1970. 159-186
Faßler, Manfred (Hg.) (1999): Alle mögliche Welten. Virtuelle Realität – Wahrnehmung – Ethik der Kommunikation, München
Faßler, Manfred (2005): Erdachte Welten. Die mediale Evolution globaler Kulturen, Wien/New York
Faßler, Manfred (2008). Der infogene Mensch. Entwurf einer Anthropologie., Paderborn
Faßler, Manfred (2009): Nach der Gesellschaft, Paderborn
Faßler, Manfred/Halbach Wulf R. (1994): Cyberspace, Gemeinschaften, virtuelle Kolonien, Öffentlichkeiten, München
Fischer, Peter (1995): Die Selbständigen von morgen. Unternehmer oder Tagelöhner? Frankfurt a. M.
Fischer, Peter/Hofer, Peter (Hg.) (2008): Lexikon der Informatik, Berlin/Heidelberg
Flusser, Vilem (1989): Gedächtnisse. In: Ars Electronica (1989): 41-56
Fuchs-Heinritz, Werner (Hg.) (1995): Lexikon zur Soziologie. 3. Aufl., Opladen
Gesellschaft für Informatik e.V.: www.gi-ev.de
Giddens, Anthony (1995/1992): Konsequenzen der Moderne, Frankfurt a. M.
Goetze, Dieter (1991): Kultur. In: Reimann et al. (1991): 27-52
Groenemeyer, Axel/Wieseler, Silvia (Hg.) (2008): Soziologie sozialer Probleme und sozialer Kontrolle, Wiesbaden
Günther, Gotthard (1963): Das Bewußtsein der Maschinen, Krefeld
Habermas, Jürgen (1968): Wissenschaft und Technik als Ideologie, Frankfurt a. M.: Suhrkamp
Haller, Max (2003): Soziologische im systematisch-kritischen Vergleich, Opladen
Harbach, Heinz (1976): Internationale Schichtung und Arbeitsmigration, Reinbek bei Hamburg

Harbach, Heinz, (1992)::Altruismus und Moral, Opladen
Harbach, Heinz (2004): Konstruktivismus und Realismus in der Sozial- und Verhaltenswissenschaften, Münster
Harbach, Heinz (2006): Gerechtigkeit und menschliches Verhalten, Hamburg
Harbach, Heinz (2008): Existenz und Kontingenz – Heidegger und das Ende der soziologischen Vernunft, Hamburg
Harbach, Heinz (2008): Eine Soziologie der Ungerechtigkeit. In: Groenemeyer/Wieseler (2008): 48-70
Hinde, Robert A.(1973): Das Verhalten der Tiere, Frankfurt a. M.
Honneth, Axel/Joas, Hans (Hg.) (1986): Kommunikatives Handeln, Frankfurt a. M.
Kirchner, Friedrich/Regenbogen, Arnim/Meyer, Uwe (Hg.) (1998): Wörterbuch der philosophischen Begriffe, Hamburg
Klaus, Georg (Hg.) (1972): Philosophisches Wörterbuch 1, Berlin
Kneer, Georg (2008): Hybridizität, zirkulierende Referenz, Amoderne? Eine Kritik an Bruno Latours Soziologie der Assoziationen. In: Kneer et al. (2008): 261-305
Kneer, Georg/Schroer, Markus/Schüttpelz, Erhard (Hg.) (2008): Bruno Latours Kollektive, Frankfurt a. M.
Knorr-Cetina, Karin (1989): Spielarten des Konstruktivismus. Einige Notizen und Anmerkungen. In: Soziale Welt 40. 1989. 86-96
Knorr-Cetina, Karin (2002): Wissenskulturen, Frankfurt a. M.
Krämer, Sybille (Hg.) (1998): Medien, Computer, Realität, Frankfurt a. M.
Krämer, Sybille (1998): Das Medium als Spur und als Apparat. In: Krämer (1998): 73-94
Kreckel, Reinhard (1975): Soziologisches Denken, Opladen
Kroeber, Alfred L./Kluckhohn, Clyde (1952): Culture. A Critical Review of Concepts and Definitions, New York
Latour, Bruno (2007): Eine neue Soziologie für eine neue Gesellschaft, Frankfurt a. M.
Leidlmeier, Karl (1991): Künstliche Intelligenz und Heidegger. Über den Zwiespalt von Natur und Geist, München
Lem, Stanislaw (1980): Summa technologiae, Berlin
Lenk, Hans (Hg.) (1978/1979): Handlungstheorien interdisziplinär. Bd. 2, München
Linde, Hans (1972): Sachdominanz in Sozialstrukturen, Tübingen
Lindemann, Gesa (2008): 'Allons enfants et faits de la patrie...'. In: Kneer et al. (2008): 339-360
Lorenz, Kuno (1987): Meyers Kleines Lexikon Philosophie, Mannheim
Luhmann, Niklas (1978): Erleben und Handeln. In: Lenk (1978): 235-253
Luhmann, Niklas (1985): Soziale Systeme, Frankfurt a. M.
Luhmann, Niklas (1992): Beobachtungen der Moderne, Opladen
Luhmann, Niklas (1998): Die Gesellschaft der Gesellschaft, Frankfurt a. M.
Mainzer, Klaus (1995): Computer – Neue Flügel des Geistes? Die Evolution computergestützter Technik, Wissenschaft, Kultur und Philosophie, Berlin/New York
Mainzer, Klaus (2003): Computerphilosophie, Hamburg
Mainzer, Klaus (2007): Der kreative Zufall. Wie das Neue in die Welt kommt, München
Marek, Johann C. (1978): Beabsichtigen – Verursachen – Verhalten. Zur Beschreibung und Erklärung von Handlungen. In: Lenk (1978): 255-277
Minsky, Marvin (1990): Mentopolis, Stuttgart
Nagel, Thomas (1974): What is it like to be a Bat? In: Philosophical Review 83. 1974. 435-450
Rammert Werner (1983): Soziale Dynamik der technischen Entwicklung, Opladen
Rammert, Werner (1988): Technikgenese, Bielefeld
Rammert, Werner (1993): Technik aus soziologischer Perspektive, Opladen
Rammert, Werner (Hg.) (1990): Computerwelten – Alltagswelten. Wie verändert der Computer die soziale Wirklichkeit? Opladen

Rammert, Werner (Hg.) (2002): Können Maschinen handeln? Soziologische Beiträge zum Verhältnis von Mensch und Technik, Frankfurt a. M.
Rammert, Werner (2007): Technik – Handeln – Wissen. Zu einer pragmatistischen Technik- und Sozialtheorie, Wiesbaden
Reimann, Horst/Giesen, Berhard/Schmid, Michael (Hg.) (1991): Basale Soziologie: Hauptprobleme, Opladen
Reingold, Howard (1994): Virtuelle Gemeinschaft. Soziale Beziehungen im Zeitalter des Computers, Bonn/Paris
Rickert, Heinrich (1896/1899): Kulturwissenschaft und Naturwissenschaft. München
Riedel, Rupert (2000): Strukturen der Komplexität. Eine Morphologie des Erkennens und Erklärens. Berlin/Heidelberg/New York
Rilling, Rainer (1995): On the other Side of the Web. In: Forum Wissenschaft 1. 1995. 20-23
Rorty, Richard (1997): Relativismus: Entdecken und Erfinden. In: Information Philosophie 1. 1997. 5-23
Roßler, Gustav. (2008): Kleine Galerie neuer Dingbegriffe: Hybriden, Quasi-Objekte, Grenzobjekte, epistemische Dinge. In: Kneer et al. (2008): 76-107
Roth, Gerhard (1997): Das Gehirn und seine Wirklichkeit. Kognitive Neurobiologie und ihre philosophischen Konsequenzen, Frankfurt a. M.
Schwemmer, Oswald (1978/1979): Praktische Begründung, rationale Rekonstruktion und methodische Überprüfung. In: Lenk (1978/1979): 535-580
Schulz-Schaeffer, Ingo (2008): Technik in heterogener Assoziation. In: Kneer et al. (2008): 108-154
Simmel, Georg (1908): Untersuchungen über die Formen der Vergesellschaftung, Berlin
Skinner, Burhus F. (1973): Wissenschaft und menschliches Verhalten, München
Taylor, Charles (1986): Sprache und Gesellschaft, in: Honneth/Joas (1986): 35-52
Toffler, Alvin (1980): Die Dritte Welle. Perspektiven für die Gesellschaft des 21. Jahrhunderts, München
Simon, Herbert A. (1981): Die Wissenschaften vom Künstlichen, Wien/New York
Topitsch, Ernst/Streminger, Gerhard (1981): Hume, Darmstadt
Virilio, Paul (1989): Die Sehmaschine, Berlin
von Amelunxen, H. et al. (Hg.) (1995): Fotografie nach der Fotografie, München
Weber, Max (1922/1976): Wirtschaft und Gesellschaft, Tübingen
Weber, Max (1921/1984): Soziologische Grundbegriffe, 6. Aufl., Tübingen
Weibel, Peter (1989): Territorium und Technik. In: Ars Electronica (1989): 81-112
Wiener, Norbert (1964): Mensch und Menschmaschine. Kybernetik und Gesellschaft, Frankfurt a. M./Bonn
Windelband, Wilhelm (1894): Geschichte und Naturwissenschaft, Straßburg